SERGEJ O. PROKOFIEFF
VON DER BEZIEHUNG ZU RUDOLF STEINER

Rudolf Steiner 1920

SERGEJ O. PROKOFIEFF

VON DER BEZIEHUNG ZU RUDOLF STEINER

DAS MYSTERIUM DER GRUNDSTEINLEGUNG

VERLAG AM GOETHEANUM

Die vom Autor auf Deutsch verfaßten Texte wurden redigiert
von Ute Fischer

Der Verlag am Goetheanum im Internet: www.VamG.ch

Einbandgestaltung von Gabriela de Carvalho

© Copyright by Verlag am Goetheanum CH-4143 Dornach
Alle Rechte vorbehalten
Satz: Höpcke
Druck und Bindung: Freiburger Graphische Betriebe

ISBN 978-3-7235-1282-1

Inhaltsverzeichnis

Vorwort

Die zum Teil leicht bearbeiteten Aufsätze, die in der vorliegenden Publikation zum ersten Mal in dieser Zusammenstellung erscheinen, wurden vor mir bereits in den Zeitschriften «Das Goetheanum» und «Anthroposophie. Mitteilungen aus der anthroposophischen Arbeit in Deutschland» veröffentlicht oder in mündlicher Form an verschiedenen Orten vorgetragen.

Anlaß zum ersten Teil dieser Schrift bildeten Beobachtungen der letzten Jahre, die davon zeugen, daß eine wirkliche Beziehung zu Rudolf Steiner in unseren eigenen Reihen immer schwächer und damit zugleich auch problematischer wird. Dem muß das intensivste Bemühen um eine solche Beziehung und deren Vertiefung entgegengestellt werden, vor allem als Bekräftigung und Ermutigung für diejenigen Anthroposophen, denen bewußt ist, daß die ganze Zukunft, nicht nur der Anthroposophischen Gesellschaft, sondern auch der anthroposophischen Bewegung, davon abhängen wird, ob in ihnen genügend viele Menschen eine reale geistige Verbindung zu Rudolf Steiner suchen und finden werden.

Obwohl die erste Veröffentlichung einiger dieser Aufsätze hier und da auch Gegenstimmen hervorrief – was, aus den okkulten Hintergründen der Sache selbst, wohl verständlich ist – habe ich mich dennoch dazu entschlossen, sie nun gesammelt in Buchform herauszubringen, denn ich bin davon überzeugt, daß die Verbindung zu Rudolf Steiner zu den wichtigsten Lebensbedingungen der Anthroposophie selbst gehört.

Damit eine solche Beziehung zu ihm nicht allgemein-abstrakt oder bloß intellektuell bleibt, sondern zu einer realen inneren Tat wird, dafür hat Rudolf Steiner selber an der Weihnachtstagung Sorge getragen. Denn mit der Erschaffung des geistigen Grundsteins der Anthroposophischen Gesellschaft gab er uns auch die Möglichkeit, daß wir alle aus unserem guten Willen heraus an diese seine wichtigste Tat – durch die innere Arbeit am Grundstein – frei anknüpfen können. Deshalb sagte er am Schluß der Weihnachtstagung: «Den Grundstein haben *wir* hier gelegt», damit in dieses Geschehen alle Anthroposophen einbeziehend, die ihm auf dem Wege der neuen Mysterien folgen wollen. Daraus ergibt sich ein direkter Zusammenhang des ersten und zweiten Teils der vorliegenden Schrift. Denn auf die einmal gewonnene Beziehung zu Rudolf Steiner folgt unumgänglich und direkt ein inneres Verlangen, auf dem Felde der neuen Mysterien arbeiten zu wollen. Man kann umgekehrt auch sagen: Besonders der *Wille*, die Grundsteinlegung der neuen Mysterien ernstzunehmen, zeugt von einer realen, inneren Verbindung zu Rudolf Steiner. So werden im zweiten Teil dieser Schrift einige Ergebnisse der inneren Arbeit mit dem Grundstein und daraus folgende Aufgaben für die Anthroposophische Gesellschaft dargestellt.

Neben ihren beiden Hauptteilen enthält die vorliegende Schrift noch einen Anhang, in dem auf die Problematik der vor einiger Zeit erfolgten Veröffentlichung der wichtigsten von Rudolf Steiner gegebenen esoterischen Inhalte in elektronischer Form eingegangen wird. Dieser Aufsatz wurde von mir wesentlich ergänzt aufgrund der Frage von Lesern, wie man den negativen Folgen dieses Geschehens entgegenwirken kann.

Und weil die innere Verbindung mit Rudolf Steiner und die geistige Arbeit an dem Grundstein zu den Bedingungen eines solchen Gegengewichts gehören, erscheint es mir berechtigt, auch diesen Artikel in die vorliegende Sammlung mit aufzunehmen.

Ostern 2006
Goetheanum, Dornach   *Sergej O. Prokofieff*

I

Von der Beziehung zu Rudolf Steiner

1. Vertrauen aus Freiheit

«Nicht das macht frei, daß wir nichts
über uns anerkennen wollen, sondern eben
daß wir etwas verehren, das über uns ist.
Denn indem wir es verehren, heben wir uns
zu ihm hinauf und legen durch unsere
Anerkennung an den Tag, daß wir selber
das Höhere in uns tragen und wert sind
seinesgleichen zu sein.»
Goethe an Eckermann am 18. Januar 1827

Eine notwendige Diagnose

Um aus der zu Recht besorgniserregenden Situation, in der sich
heute die Anthroposophische Gesellschaft und zunehmend auch
die anthroposophische Bewegung befinden, weitere Wege in die
Zukunft zu finden, muß man zunächst mit fast ärztlicher Sach-
lichkeit und Objektivität die Symptome der «Erkrankung» erfassen, um dann eine richtige Diagnose zu stellen. Diese letztere
kann lauten: Nicht die Anthroposophie oder gar Rudolf Steiner
sind unzeitgemäß, sondern der wahre Grund der Erkrankung
liegt bei uns, den Anthroposophen weltweit.

Ein freier Gestalter der Zeit

Die Selbsterkenntnis war immer und ist bis heute ein schwieri-
ges Unterfangen geblieben. Man steht auf diesem Gebiet ständig
vor der Versuchung, die Ursachen der eigenen Schwächen und
Unvollkommenheiten nicht bei sich selbst, sondern bei anderen
oder sonstwo zu suchen. Aus einer langjährigen Erfahrung kann
ich bestätigen, daß überall dort, wo über die zentralen Themen
der Anthroposophie gesprochen oder geschrieben wird, ein großes Interesse sowohl bei den Anthroposophen selbst wie bei der
Öffentlichkeit entsteht. Daran erkennt man, daß Anthroposophie

11

heute das Modernste und Aktuellste ist, was man sich überhaupt denken kann, und Rudolf Steiner der Mensch ist, der mit den neuen spirituellen Fähigkeiten lebte und aus ihnen wirkte, welche die Menschheit erst in ferner Zukunft in sich entwickeln wird. Was aber bedeutet es, zeitgemäß, aktuell zu sein? In letzter Zeit kann man in anthroposophischen Kreisen immer wieder hören, Rudolf Steiner sei «ein Kind seiner Zeit» gewesen. Diesem Urteil möchte ich aufs Entschiedenste widersprechen. Man ist nur in der Kindheit zeitgemäß ein Kind. Denn allein dann ist es voll berechtigt, von den Eltern und anderen unzähligen Umständen seiner Umgebung abhängig und beeinflußt zu sein. Bleibt aber ein Mensch in diesem Sinne auch als Erwachsener immer noch ein abhängiges «Kind», dann ist er nicht nur aus der gesunden Entwicklung als Mensch, sondern auch aus der Menschheitsentwicklung herausgefallen, das heißt aber, aus seiner Zeit überhaupt. Solch ein Mensch wäre tatsächlich nicht mehr zeitgemäß.

Rudolf Steiner war hingegen kein «Kind» seiner Zeit, sondern der große, menschheitliche Freund des Zeitgeistes. Nur deshalb konnte er über das kosmische Mysterium Michaels in unserer Zeit sprechen, die geistigen Wege und die innere Welt dieses hohen hierarchischen Wesens beschreiben, so wie nur ein enger Freund es vermag. Als solcher war Rudolf Steiner ein Mitgestalter, ja ein freier Gestalter der Zeit in die Zukunft hinein.

Im vorletzten Kapitel seines Buches «Wie erlangt man Erkenntnisse der höheren Welten?» beschreibt Rudolf Steiner, wie sich der Geistesschüler als Folge der Begegnung mit dem kleinen Hüter der Schwelle von jeglicher Führung seitens der Wesenheiten der geistigen Welt befreit. Von da an führen ihn keine Gruppengeister mehr, auch der Zeitgeist nicht. Das heißt, schon auf dieser Stufe (die noch keine sehr hohe ist) hört er auf, deren «Kind» zu sein. Darin besteht gerade das Wesen der modernen Einweihung. Von dieser Stufe an muß der Einzuweihende diese Beziehung frei und aus der inneren Kraft seines Ich selbst neu herstellen. Und dadurch wird er allmählich ein bewußter Mitarbeiter des Zeitgeistes und freier Gestalter in dessen Zeit.

Der Freie lebt im Vertrauen

Wir, die vielen Schüler Rudolf Steiners, sind dagegen noch kaum als Freunde des Zeitgeistes zu bezeichnen, sondern noch weitgehend Kinder unserer Zeit. Zu Michael aber, den Rudolf Steiner als «geistigen Helden der Freiheit»[1] bezeichnet, gehört gerade, daß er niemanden als «Kind» haben möchte. Unsere Zivilisation hingegen, in der wir stehen, lebt heute unter dem Zeichen der anti-michaelischen Zeitgeistigkeit, der gegenüber wir wie Kinder, abhängig und beeinflußbar, sind. Deshalb werden wir auch mit den vielen Problemen in der Anthroposophischen Gesellschaft immer noch nicht fertig, weil wir zu oft der Versuchung unterliegen, statt mutige Mitstreiter Michaels zu sein, uns lieber dem Ungeist unserer Zivilisation, bewußt oder unbewußt, anzupassen, wenn nicht sogar anzubiedern.

In seinem Buch «Die Philosophie der Freiheit» schreibt Rudolf Steiner über das Zusammenleben der freien Menschen: «Nur weil die menschlichen Individuen eines Geistes sind, können sie sich auch nebeneinander ausleben. Der Freie lebt in dem Vertrauen darauf, daß der andere Freie mit ihm einer geistigen Welt angehört und sich in seinen Intentionen mit ihm begegnen wird.»[2] Im Sinne dieser Worte kann man sagen: Durch die Gabe seiner Anthroposophie an uns hat Rudolf Steiner uns unendliches Vertrauen geschenkt, in der Hoffnung, daß wir auf dem anthroposophischen Schulungsweg selbständig zu derjenigen geistigen Welt aufsteigen werden, aus der er selbst sprach und wirkte, so daß wir mit unseren Intentionen seinen Intentionen begegnen werden und damit auch ihm selbst.

Stattdessen gehen einige seiner «anthroposophischen» Kritiker sogar so weit, daß sie ihre Kritik an Rudolf Steiner als die Errungenschaft eines eigenen «intuitiven Denkens» betrachten, obwohl es sich bei näherem Hinsehen nur um gewöhnliche, abstrakte Intellektualität handelt, die geneigt ist, nicht bei sich selbst, sondern bei Rudolf Steiner angebliche Fehler, Widersprüche und Abhängigkeiten zu suchen. Denn das wahre intuitive

Denken ist eine durch und durch schöpferische Tätigkeit, die die Fähigkeit der moralischen Phantasie erweckt und impulsiert. An den aus der Anthroposophie hervorgegangenen Früchten ist das bei Rudolf Steiner klar zu erkennen. Dazu bedarf es jedoch, zumindest ideell, einer Berührung mit der geistigen Welt, aus der heraus Rudolf Steiner schöpferisch tätig war.

Rudolf Steiner – der erste öffentlich wirkende Eingeweihte

Aus dem Gesagten ergeben sich weitere Fragen: Wie gestaltet sich die Beziehung zu Rudolf Steiner heute? Wie kann man sie richtig pflegen und vor allem so stärken, daß sie eine unerschütterliche Grundlage für unsere Tätigkeiten innerhalb und außerhalb der Anthroposophischen Gesellschaft wird?

An dieser Stelle möchte ich etwas Persönliches anführen. Als ich vor über dreißig Jahren der Anthroposophie begegnete, stand für mich nicht im Vordergrund, welche großartigen, bahnbrechenden Ideen Rudolf Steiner auf den verschiedensten Gebieten des Lebens – beispielsweise in Pädagogik, Kunst, Medizin, Landwirtschaft – hervorgebracht hat. Denn das stellt ihn «nur» neben viele andere bedeutende Individualitäten des 19. und des 20. Jahrhunderts. Selbstverständlich nahm ich seine Leistungen mit großem Staunen und höchster Anerkennung zur Kenntnis, aber das war es nicht, was mich wirklich zu Rudolf Steiner führte. Entscheidend für mich war, daß in Rudolf Steiner zum ersten Male in der Weltgeschichte ein Eingeweihter von solcher geistiger Höhe öffentlich unter den Menschen zu wirken vermochte, und zwar ein solcher, der seine Einweihung in den modernsten Kräfte unserer Zeit begründete, das heißt die geistige Welt mit der gleichen Klarheit und Exaktheit zu erforschen und beschreiben vermochte wie sonst ein Wissenschaftler die Natur.

Zugleich war mir sofort ganz klar, daß Rudolf Steiner als Eingeweihter an keiner Stelle in die heutige Zivilisation hineinpaßt, denn in dieser existiert die Kategorie eines Eingeweihten nicht. Unsere Zivilisation kennt Wissenschaftler, Künstler, Mediziner,

Forscher, Entdecker – einen Eingeweihten gibt es für sie nicht und ist im öffentlichen Leben nicht vorgesehen.

So ist der einzige Weg, der heute zu Rudolf Steiner führen kann, die unmittelbare Schülerschaft bei ihm. Und das bedeutet ein ernsthaftes Bemühen, auf dem Weg, den er uns vorangegangen ist und genau beschrieben hat, sein Geistesschüler zu werden. Dabei muß uns ständig das Bewußtsein begleiten, daß wir ihn in der Nachfolge Rudolf Steiners gehen, und zwar mit dem Ziel, einmal diejenige geistige Welt zu betreten, wo eine freie Mitarbeit mit ihm möglich sein wird.

Der Pfad der Verehrung

Wie beginnt der anthroposophische Schulungsweg, der zu dem Ziel der modernen Einweihung führt? Welches sind seine Grundbedingungen? Rudolf Steiner beschreibt sie ganz zu Beginn des ersten Kapitels seines Hauptschulungsbuches «Wie erlangt man Erkenntnisse der höheren Welten?». Bereits auf den ersten Seiten spricht er über eine «Grundstimmung», die für den ganzen danach beschriebenen Einweihungsweg von entscheidender Bedeutung ist, und die er als den «Pfad der Verehrung» bezeichnet. Diese Fähigkeit muß bei der heutigen Einweihung in jeder Beziehung geübt werden, so auch in der folgenden: «Begegne ich einem Menschen und tadele ich seine Schwächen, so raube ich mir höhere Erkenntniskraft; suche ich liebevoll mich in seine Vorzüge zu vertiefen, so sammle ich solche Kraft.»[3] Und dieses Gesetz gilt auf allen Ebenen, unabänderlich. Deshalb betont Rudolf Steiner es so stark und weist zugleich darauf hin, daß gerade diese Eigenschaft der heutigen Zivilisation am meisten fehle, weshalb sie für die höhere Entwicklung so ungeeignet sei (ebd.).

Selbstverständlich muß man im Leben in gewissen Situationen auch Kritik üben – aber jedesmal, wenn man es tut oder meint, es tun zu müssen, raubt man sich damit ganz objektiv Erkenntniskräfte. Diesbezüglich antwortete Rudolf Steiner einmal auf die Frage, wie es denn mit Menschen sei, die das Kritisieren als Beruf haben, also beispielsweise Zeitschriftenkritiker: «Sie haben das ungünstigste Karma für die geistige Entwicklung.»[4]

Gerade in unserer Epoche liegt die zentrale Bedeutung der Fähigkeit der Verehrung darinnen, daß die wichtigste Erzieherin der Bewußtseinsseele die Kraft der Andacht ist.[5] In diesem Sinne könnte man als Übung für die Bewußtseinsseele einmal versuchen, die oben erwähnte Regel auch in bezug auf Rudolf Steiner selbst anzuwenden und «sich liebevoll in seine Vorzüge vertiefen». Wenn man dies wirklich tut, wird einem nie mehr, nicht einmal im Entferntesten, in den Sinn kommen, nach vermeintlichen Fehlern bei ihm zu suchen. Dann wird auch die rein theoretische Frage, ob sich im Werk Rudolf Steiners irgendwo Fehler finden lassen, völlig belanglos.

Das bedeutet natürlich nicht, daß an verschiedenen Stellen dieses Werkes für den Schüler keine Fragen entstehen, die nicht sogleich beantwortet oder eingeordnet werden können. Aber dann wird es immer wieder vorkommen, vielleicht sogar erst nach Jahren, daß sich gerade diese schwer verständlichen oder scheinbar widersprüchlichen Stellen enthüllen werden als Ausgangspunkte nie geahnter geistiger Perspektiven und Erkenntnishorizonte. Man muß nur mit dem – zu schnellen und unreifen – Urteilen warten und die Geduld haben, mit einer ungelösten Frage länger umzugehen.

Auf diesem Wege wird mit der Zeit die erste Stufe der Annäherung an Rudolf Steiner, und zwar durch das Studium seiner Werke, erreicht. Er selbst schreibt diesbezüglich: «Man nehme doch ein solches Buch, wie dieses ist, wie ein Gespräch, das der Verfasser mit dem Leser führt.»[6] Noch stärker kann dieses Erlebnis dann beim Studium seiner Vorträge werden. Wenn man nur einmal selbst erlebt hat, wie real ein solch inneres Gespräch mit dem Geisteslehrer sein kann, dann werden einem für immer alle Diskussionen über eine «Unverständlichkeit» der anthroposophischen Inhalte, über «Schwierigkeiten» der Sprache Rudolf Steiners, geschweige denn überhaupt das Infragestellen des Studiums als solchem, nichtig. Denn ohne zu studieren und viel zu studieren, wird man schwerlich Rudolf Steiner auf dem Schulungsweg begegnen können. Denn das Studium bildet in der Anthroposophie die Grundlage des ganzen weiteren Schulungsweges, auf dem das im Studium mit dem Lehrer begonnene Gespräch durch das meditative Üben zu einer geistigen Begegnung mit ihm führen kann.

Verbindung auch aus der geistigen Welt heraus

Der anthroposophische Schulungsweg, den Rudolf Steiner auch als modernen rosenkreuzerischen Einweihungsweg bezeichnete und als denjenigen beschrieb, der einzig und allein den heutigen Menschen im Westen entspricht, bringt auch eine ganz neue Beziehung zu dem geistigen Lehrer mit sich. Wenn auf dem alten, orientalischen Weg das geistige Voranschreiten «ohne eine strenge Unterwerfung unter die Autorität des Guru gar nicht möglich» war und auf dem sogenannten christlich-gnostischen Wege zumindest eine ständige Begleitung des physisch anwesenden Lehrers eine wichtige Bedingung bildete, so besteht auf dem modernen rosenkreuzerischen Schulungsweg eine ganz neue, in einer echten Freundschaft wurzelnde Beziehung zwischen Lehrer und Schüler. Hier beruht die Autorität des Geisteslehrers allein auf der freien Zustimmung des Schülers. Mit anderen Worten: Hier steht das frei gewonnene Vertrauen im Vordergrund. Dabei ist die physische Anwesenheit des Lehrers nicht mehr nötig. Und das bedeutet: Auch nachdem der Lehrer längst verstorben ist, kann er aus der geistigen Welt heraus seine Schüler weiterhin führen, jedoch unter Aufrechterhaltung der zentralen Bedingung der Geistesschülerschaft: des ihm entgegengebrachten vollen Vertrauens.

Wie radikal Rudolf Steiner diese Voraussetzung betonte, geht aus seinen Worten hervor, mit denen er den modernen rosenkreuzerischen Weg beschreibt: «Und bei dem Rosenkreuzerweg wird der Guru [Lehrer] immer mehr der Freund, dessen Autorität auf innerer Zustimmung beruht. Ein anderes Verhältnis als ein streng persönliches Vertrauensverhältnis ist hier nicht möglich. Würde auch nur ein klein wenig Mißtrauen zwischen Lehrer und Schüler entstehen, so würde das Band, das zwischen beiden bestehen muß, zerrissen werden und jene Kräfte, die zwischen Lehrer und Schüler spielen, würden nicht mehr wirken.»[7]

Daß Rudolf Steiner die ganze esoterische Beziehung zu seinen Schülern nicht nur zu Beginn seiner Tätigkeit als Geisteslehrer, sondern in diesem Sinne bis zum Ende seines Lebens, nur auf diesem Vertrauen aufbauen wollte, davon zeugen seine Worte in dem Vortrag vom 30. Januar 1924, wo er auch für das Bestehen der Hochschule dieses Vertrauen im eminentesten Sinne hervorhob.[8] Und darunter verstand er nicht nur das Vertrauen zu ihm selbst und zu dem, was er in der Hochschule zu geben hatte, sondern auch das gegenseitige Vertrauen ihrer Schüler untereinander.

Hier berühren wir den wesentlichsten Punkt dieser Ausführungen. Denn die Worte Ita Wegmans über die Gefahr der «Ahrimanisierung» der Anthroposophie, ginge sie von Rudolf Steiner getrennt in die Welt,[9] bedeuten nicht allein, daß, wenn ein Anthroposoph aus dem Geistesgut Rudolf Steiners schöpft, er überall da, wo er dies tut, auch dessen Namen als Quelle erwähnen muß (dies gehört zur elementarsten Anständigkeit in der wissenschaftlichen Welt), sondern ich denke, die Worte Rudolf Steiners, von denen Ita Wegman hier berichtet, beziehen sich primär auf die innere, in einer wahren Geistesschülerschaft wurzelnde Beziehung zu Rudolf Steiner selbst. Fehlt diese innere Beziehung zu ihm, dann hat eine solche Vertretung der Anthroposophie eben die oben erwähnte Verflachung zur Folge und damit gerade dasjenige, «was von ahrimanischen Wesen gewollt und bezweckt» ist (ebd.).

Die Beziehung zu Rudolf Steiner

Man kann heute zu Rudolf Steiner ein bloß distanziertes, historisches Verhältnis haben wie auch zu einer anderen bedeutenden Persönlichkeit der Vergangenheit, etwa Wolfgang Amadeus

Mozart oder Johann Wolfgang Goethe. Oder aber man sucht in Rudolf Steiner mit allen Kräften der Seele den persönlichen Geisteslehrer, der seine Schüler von der geistigen Welt aus führt und zu ihnen in den Tiefen ihrer Seelen sprechen kann.

Es ist kein Geheimnis, daß solch eine intimere Beziehung zu Rudolf Steiner auch unter Anthroposophen auf zunehmenden Widerstand und sogar auf Ablehnung stößt. Und doch, jeder, der diesen inneren Weg zu Rudolf Steiner nur intensiv und weit genug gegangen ist, wird aus eigener Erfahrung bezeugen können, welche Momente der Erhebung und Erleuchtung daraus erwachsen, und daß er die gewonnenen Erlebnisse der geistigen Nähe Rudolf Steiners zu den höchsten und beglückendsten Momenten seines Lebens zählen darf.

In der «Philosophie der Freiheit» schrieb Rudolf Steiner: «Der Freie verlangt von seinen Mitmenschen keine Übereinstimmung, aber er erwartet sie, weil sie in der menschlichen Natur liegt.»[10] So war auch die Beziehung Rudolf Steiners dem Vertrauen gegenüber. Er forderte es nie, jedoch erwartete er dieses Vertrauen, weil es in der gesunden Menschennatur liegt, das heißt in denjenigen Kräften des Menschen, auf denen allein der moderne Schulungsweg aufgebaut sein kann.

Nur wenn ein solches Vertrauen den Mitgliedern der Anthroposophischen Gesellschaft deren Schöpfer gegenüber eine Herzensangelegenheit wird und auch die der Freien Hochschule für Geisteswissenschaft Angehörenden diesem Vertrauen einen zentralen Platz einräumen, wird die Anthroposophische Gesellschaft bei ihrer Pflege und Verbreitung der Anthroposophie in der Welt mit der ständigen Hilfe und Begleitung Rudolf Steiners rechnen können, ohne die sie niemals die ihr anvertrauten spirituellen und menschheitlichen Aufgaben wird erfüllen können.

2. Drei Wege zur Anthroposophie

Die neue Verehrung

Widersprüche, die der abstrakte Verstand in der Anthroposophie festzustellen glaubt, fordern in Wirklichkeit eine neue Qualität des Denkens heraus, das aus eigener innerer Aktivität selbständige Bezüge herzustellen vermag, in denen sich die angeblichen Widersprüche in einen Entwicklungsweg verwandeln. So finden sich auch in dem Buch Rudolf Steiners «Wie erlangt man Erkenntnisse der höheren Welten?» drei Stufen, auf denen die für den modernen Schulungsweg unabdingbare Eigenschaft der Verehrung konsequent entwickelt werden kann, die dem bloßen Verstand jedoch als widersprüchliche Positionen erscheinen könnten.

Die erste Stufe ist die kindliche Verehrung. Hier verehrt das Kind einen bestimmten Menschen, und wie es in dieser Zeit berechtigt ist, kommt es auch in eine gewisse Abhängigkeit von ihm; denn das Kind ist ein nachahmendes Wesen. Und für eine bestimmte Altersstufe ist die Fähigkeit der Nachahmung eine die Entwicklung des Kindes durchaus fördernde Qualität. Mehr noch, diese erste Stufe ist unbedingt notwendig, um im späteren Leben die zweite, die der Verehrung gegenüber Wahrheit und Erkenntnis, überhaupt erreichen zu können. Wird das recht geübt, dann kann zu der dritten Stufe aufgestiegen werden, der anerkennenden, verehrenden Haltung einem bestimmten Menschen gegenüber, nun jedoch aus voller innerer Freiheit und ohne jegliche Abhängigkeit von ihm. Hier geht es jetzt um eine ganz neue Art der Verehrung, die aus einer tieferen Erkenntnis des Menschen und seiner höchsten Anliegen hervorgeht. Diese Erkenntnis selbst besteht darin, daß bei großen, fortgeschrittenen Individualitäten, die nicht allein von der Wahrheit reden, sondern in ihr leben, diese allmählich von deren innerstem Wesen nicht mehr zu trennen ist und deshalb in keinem Widerspruch zu der menschlichen Freiheit steht.

Das höchste Vorbild der Wahrheit

Das höchste Vorbild diesbezüglich ist Christus Jesus, der diesem Ideal vollkommen entsprach und deshalb von sich sagen konnte: «Ich bin die Wahrheit» (Joh. 14,6). Hier haben wir den Übergang von einem noch unvollkommenen und begrenzten Wahrheitsverständnis des «Was» zu dem höheren Wahrheitsverständnis des «Wer». Damit ist auch der Weg gewiesen, den jeder echte christliche Eingeweihte geht und den auch Rudolf Steiner ging. Denn sein ganzes Lebenswerk ist aus dem Forschen in der geistigen Welt, welche auch die Welt der Wahrheit ist, entstanden. Und diese Welt der Wahrheit besteht nicht aus abstrakten Begriffen, sondern nur aus verschiedenen Arten von geistigen Wesenheiten, die selber unterschiedliche Stufen der Wahrheit in Erscheinung bringen. Daher, wenn ein Mensch wie Rudolf Steiner während seines ganzen Lebens die Inhalte der geistigen Welt in moderner wissenschaftlicher Form schriftlich und mündlich darstellte, war dies nur möglich, indem er in seinem Wesen etwas von der Wahrheit selbst verkörperte. Dem kann man – wenn man nur imstande ist, dies zu erkennen – eine aus Freiheit entwickelte neue Verehrung, die in einem wirklichen Menschenverständnis wurzelt, vollumfänglich entgegenbringen.

Eine solche freie Verehrung aus dem richtigen Verständnis heraus hatte Rudolf Steiner zum Beispiel den anderen großen Meistern der Menschheit gegenüber, und er brachte sie vielfach, vor allem in seinen «Esoterischen Stunden», zum Ausdruck. «Ich kann und darf nur so weit führen, als der erhabene Meister, der mich selbst führt, mir die Anleitung gibt. Ich folge *ihm* mit vollem Bewußtsein bei allem was ich anderen sage» (GA 264, Brief vom 11. 8. 1904; kursiv Rudolf Steiner). «Ich bin in solchen [esoterischen] Dingen nur Werkzeug von höheren Wesenheiten, die ich in *Demut* verehre» (a. a. O., Brief vom 12. 8. 1904; kursiv Rudolf

Steiner). «Und damit begrüße ich Sie zunächst als zu uns gehörig im Namen der heiligen Meister, denen ich zu Füßen lege, was ich vermag, und gegen deren Willen ich niemals im Leben bewußt etwas tun will. Gesegnet seien sie, die Erhabenen» (a. a. O., Brief vom 2. 1. 1905). Auch Friedrich Rittelmeyer erinnert sich an ein Gespräch mit Rudolf Steiner über dessen geistigen Lehrer: «Unvergeßlich ist mir besonders der Blick, mit dem Rudolf Steiner von dem einen dieser beiden Geistesmenschen sagte: ‹Das war eine sehr bedeutende Persönlichkeit!› […] Und in dem Blick lag die Verehrung, die ein großer Wissender einem anderen Großen zollte.»[11] Und man darf hier nicht denken, Rudolf Steiner sei bei diesen Worten plötzlich altmodischen «theosophischen» Gepflogenheiten verfallen oder gar dem Wesen des hohen Ideals seiner eigenen «Philosophie der Freiheit» untreu geworden, sondern es geht um strenge okkulte Gesetze, über die man nicht einfach mit dem «philiströsen» und sich immer «frei» fühlenden Bewußtsein urteilen kann.

Daß man ein solches inneres Vertrauen, auf dem allein eine freie Verehrung gründen kann, nicht sofort erwirbt, sondern zunächst aus Freiheit und Erkenntnis ausbilden muß, ist ganz selbstverständlich. Dann aber haben dieses Vertrauen und diese Verehrung mit einer «blinden Treue» oder «gedankenloser Gefolgschaft» bzw. mit «traditioneller Frömmigkeit», kurz mit den alten Verehrungskräften, einfach überhaupt nichts zu tun. Daß Rudolf Steiner die berechtigte Verehrung, die man zum Beispiel einem Genie oder sonstwie begnadeten Menschen entgegenzubringen vermag, keineswegs in Abrede stellt, folgt aus den folgenden Worten des Buches «Wie erlangt man Erkenntnisse der höheren Welten?»: «Die Gottbegnadeten kann man aufrichtig verehren; aber deswegen darf man die Arbeit der Schulung nicht für überflüssig halten» (GA 10, Kapitel «Die Einweihung»).

Auch darf man dem hier Gesagten nicht einfach die Worte Rudolf Steiners entgegenstellen: «Ich möchte nicht verehrt, sondern verstanden werden.» Denn die neue Verehrung ist eben nicht diejenige, welche einem wahren Verständnis des anderen

Menschen vorangeht, sondern, ganz im Gegensatz dazu, einem solchen Verständnis folgt und, in einem tieferen Sinne, sogar nur aus ihm entstehen kann.

Kritik aus naivem Bewußtsein

Es ist in den letzten Jahrzehnten vermehrt zu beobachten, daß unter Anthroposophen, die im Grunde genommen Rudolf Steiner alles verdanken und nicht selten nur von den Früchten seines Werkes leben, immer öfter eine Kritik, die sich manchmal bis zu einer Aburteilung steigert, zu vernehmen ist. Auch nicht selten wird eine solche Kritik in die volle Öffentlichkeit getragen, mündlich und schriftlich. Dies hat meines Erachtens mit möglichen inhaltlichen Fragen, die sich beim Studium der Anthroposophie ergeben können, und mit denen sich eine wirklich entwickelte Bewußtseinsseele auseinandersetzen muß, nicht im entferntesten etwas tun.

Diese Kritik an Rudolf Steiner seitens einiger Anthroposophen erscheint mir hingegen nicht als eine Errungenschaft der Bewußtseinsseele und schon gar nicht als eine Frucht eines besonders entwickelten intuitiven Denkens, sondern als das Resultat eines nicht erkannten naiven Bewußtseins. Warum?

In dem Zyklus «Der menschliche und der kosmische Gedanke»[12] stellt Rudolf Steiner die Wahrheit als einen Zusammenklang zwölf verschiedener Gesichtspunkte, ja sogar von zwölf Weltanschauungen dar.[13] Dieses Forschungsergebnis bildet einen wesentlichen methodischen Ansatz der Anthroposophie. Denn die geistige Welt ist in Wahrheit höchst kompliziert und läßt sich aufgrund ihrer so grundsätzlichen Andersartigkeit der physischen Welt gegenüber gar nicht einfach in eine irdische Begrifflichkeit bringen. Deshalb muß der Geistesforscher, um die Ergebnisse seiner Forschung anderen Menschen verständlich zu machen, die gleichen geistigen Phänomene immer wieder von den verschiedensten Gesichtspunkten aus betrachten.

Fotografiert man einen Baum von verschiedenen Seiten und

vergleicht daraufhin die Fotos miteinander, dann kann nur das naive Bewußtsein zu der Schlußfolgerung kommen, daß, weil die Fotos unterschiedlich aussehen, es sich jedesmal um einen anderen Baum oder um Widersprüche bei der deren Wiedergabe handele. Dieses Beispiel wendet Rudolf Steiner auch auf geisteswissenschaftliche Wahrheiten an. Hier liegen allerdings für das bloße Verstandesdenken tatsächlich oft unerträgliche «Widersprüche» vor, die nur durch die Entwicklung eines lebendigen, das heißt zusammenschauenden und Verbindungen herstellenden Denkens überwunden werden können. So gab sich Rudolf Steiner beispielsweise etliche Mühe zu zeigen, daß die Argumente der rationalen Theologie des 19. Jahrhunderts, die immer wieder auf sogenannte «Widersprüchen» zwischen den vier Evangelien hinwies, nicht zutreffend sind, da sie geradezu urbildlich die vier verschiedenen, einander jedoch ergänzenden und zu einer höheren Einheit führenden Gesichtspunkte der gleichen Wahrheit darstellen.

An dieser Stelle wird man sogleich bemerken, daß hiermit auch eine höhere Ebene in unserer Beziehung zu Rudolf Steiner angesprochen wird, und zwar eine solche, wo ein wie auch immer gearteter «Zweifel» nicht mehr berechtigt ist. Denn es geht nicht mehr allein um die Stufe des Studiums, sondern ganz klar und unmißverständlich um eine weitere, die man ohne eine intime Beziehung zwischen dem Geistesschüler und dem Geisteslehrer einfach nicht erlangen kann. Ist sie jedoch auf dem konsequent gegangenen Schulungsweg erreicht, dann bleibt sie auch über den Tod hinaus erhalten.

Auch der Zweifel hat auf den verschiedenen Stufen der Geistesschulung völlig unterschiedliche Konsequenzen. Wenn er zu Beginn des Studiums der Geisteswissenschaft sogar einen fördernden Impuls geben kann, so ist er auf dem regelrechten Schulungsweg nicht nur ein Hindernis, sondern vermag zu einem der größten Feinde jeglicher höheren Erkenntnis werden. Dies läßt sich allerdings nur durch das lebendige Denken erfahren, das auch in dieser Beziehung keinen Widerspruch konstruiert, sondern ganz klar erkennt, daß die gleichen seelischen Qualitäten auf unterschiedlichen Entwicklungsstufen eine völlig andere, mitunter sogar polare Bedeutung haben können. Übersieht man das oder mißachtet es, dann bleibt man unmerklich in einem «naiven Bewußtsein» stecken.

Folglich hängt auch die Frage: «Kann man Anthroposoph sein, ohne sich als Schüler Rudolf Steiners zu betrachten?» davon ab, was man unter «Anthroposoph sein» versteht. Sofern es um einen Menschen geht, der nur beim Studium der Anthroposophie im Sinne eines äußerlichen Bekanntwerdens mit ihr verbleiben möchte, so kann diese Frage auch mit Ja beantwortet werden. Handelt es hingegen um eine wirkliche Geistesschülerschaft im Sinne des Buches «Wie erlangt man Erkenntnisse der höheren Welten?», dann kommt eine unmißverständliche Antwort auf diese Frage von Rudolf Steiner selbst: Hier ist das persönliche Vertrauen zum Geisteslehrer unverzichtbar. Sonst kann man diesen Weg einfach nicht gehen. Dieses ist an vielen Stellen in Rudolf Steiners Werk zu finden.[14]

Drei Wege zur Anthroposophie

In dem Aufsatz «Theosophie und gegenwärtige Geistesströmungen» beschreibt Rudolf Steiner drei Wege, die den heutigen Menschen zur Anthroposophie und somit zu der Realität der übersinnlichen Welt führen können.[15] Der erste Weg hat als seine Grundlage ein «gesundes und ursprüngliches Wahrheitsgefühl» gegenüber den Mitteilungen des Geistesforschers. Dieses «Wahrheitsgefühl» ist bei den heutigen Menschen jedoch zunehmend im Verschwinden begriffen, weil die gegenwärtige Zivilisation völlig gegenteilig ausgerichtet ist. Des ungeachtet ist dieser Weg von einer ganz besonderen Bedeutung. Rudolf Steiner schreibt: «Sie [die Menschen, die diesen Weg gehen] lassen auf ihr unmittelbares Gefühl wirken, was in der Theosophie [Anthroposophie] vorgebracht wird, und dieses von Philosophie und wissenschaftlicher Kritik ungetrübte gesunde Gefühl sagt ihnen, daß

25

das Vorgebrachte richtig ist … Diejenigen, welche auf solche Art Bekenner der Theosophie [Anthroposophie] werden, sind in einer gewissen Beziehung die allerwichtigsten und wertvollsten.» Hier hebt Rudolf Steiner auch «ihr vertrauendes Gefühl» hervor.

Aus diesen Worten folgt unmißverständlich, daß er diesen ersteren Weg keinesfalls für weniger berechtigt hält als die beiden anderen. Er hebt ihn sogar besonders hervor und fährt fort: «Ein Mensch, dem die Gesundheit des Gefühles nicht durch klügelnden Verstand genommen ist, der empfindet wirklich die Wahrheit.»

Der zweite Weg führt direkt in die geistige Welt und ist von Rudolf Steiner in dem Buch «Wie erlangt man Erkenntnisse der höheren Welten?» beschrieben. Vor allem dieser Weg fordert aber von dem Menschen, der in diesem Sinne ein

Geistesschüler werden möchte, das volle Vertrauen zu dem, der ihm diesen Weg vermittelt, das heißt in diesem Falle – zu Rudolf Steiner selbst. So lesen wir weiter in dem Aufsatz: «Dem Suchenden steht da kaum ein anderes Mittel zu Gebote als das Vertrauen, das er haben kann zu demjenigen, von dem solche Anweisungen ausgehen.» Auch von dem Entstehen einer «immer größeren unverbrüchlichen Treue zu den geistigen Erkenntnissen» ist an dieser Stelle die Rede.[16]

Der dritte Weg ist der eines vor allem «gründlich philosophisch geschulten» Menschen. «Allerdings gehört dazu eine wirklich gründliche Philosophie, nicht eine solche, die auf halbem Wege stehenbleibt.» Die Quellen einer solchen «gründlichen Philosophie» findet man bei den großen Denkern des deutschen Idealismus sowie in den früheren, philosophischen Werken Rudolf Steiners. Man darf diesen «philosophischen Weg» allerdings nicht mit dem der philosophischen Richtung der Skeptiker verwechseln, deren bekanntester Vertreter Michel de Montaigne war. Nicht sein berühmter Satz: «Philosophieren – heißt zweifeln» führt auf diesem dritten Weg weiter, sondern eine ganz andere innere Einstellung. Diese findet man vor allem in der Philosophie von Fichte, Schelling und Hegel, bei denen es nicht um einen wie auch immer gearteten «Zweifel», sondern im Gegensatz dazu um das unerschütterliche Vertrauen in die Kraft des menschlichen Denkens und folglich des menschlichen Wesen selbst ging.

*

Nach einer über dreißigjährigen intensiven Beschäftigung mit der Anthroposophie bin ich zu der festen Überzeugung gelangt, daß man in Rudolf Steiner einen der wahrsten, schönsten und reinsten Menschengeister findet, die je auf der Erde gelebt haben. Und seine Biographie ist ein Mysterium, dessen Tiefen bis heute noch wenig ausgelotet sind.

Für mich ist Rudolf Steiner, wie kaum ein anderer Mensch, derjenige, der in der modernen Nachfolge Christi über die geistigen Wahrheiten nicht allein sprach und schrieb, sondern sie auch lebte und dadurch mit seinem ganzen Menschenwesen untrennbar verbunden hat, sie tatsächlich war.

Deshalb ist die Verehrung, die man dem Wesen Rudolf Steiners gegenüber haben kann nur um so größer, je mehr man zu einem wahren Verständnis desselben gelangt. Dann ist sie objektiv und in dem Schulungsweg, den er den heutigen Menschen gab, tief begründet. Sie entsteht in der gesunden Menschenseele nicht, weil Rudolf Steiner dies je einforderte, sondern sie entsteht aus voller Freiheit als eine ganz neue, zukünftige Fähigkeit, die man in sich nur selber pflegen kann im Sinne der Worte Goethes über die Verehrung, die als Epigraph dem vorherigen Kapitel vorangestellt sind.

3. Die Mysteriengeheimnisse um den Geburtsort Rudolf Steiners

Der Geburtsort

In einem Privatgespräch äußerte sich Rudolf Steiner einmal über die im 21. Jahrhundert zu erwartende Inkarnation von Mani, dem Begründer des Manichäismus, der im neunten Jahrhundert als Gralskönig Parzival verkörpert war: «Mani werde sich in diesem Jahrhundert nicht verkörpern; er beabsichtige, dies im nächsten Jahrhundert zu tun, vorausgesetzt, daß er einen geeigneten Körper finde» (GA 264, Seite 240). Weiter sagt Rudolf Steiner in diesem Zusammenhang, daß es in der Zukunft eine wichtige Aufgabe der Waldorfpädagogik sein wird, die Inkarnationen hoch entwickelter Geister überhaupt zu ermöglichen: «Die gewöhnliche Erziehung biete keine Möglichkeit für die Entwicklung des Mani, nur die Waldorferziehung» (ebd.). Berücksichtigt man das Gesagte, so kann man ahnen, daß sich die Frage nach geeigneten Inkarnationsmöglichkeiten auch auf Rudolf Steiner selbst bezog. Die nachfolgenden Ausführungen sollen einige Umstände diesbezüglich beleuchten und dadurch verständlicher machen.

Rudolf Steiner wurde am 25. Februar 1861 in dem Dorf Kraljevec (was übersetzt Königssitz bedeutet), heute zu Kroatien gehörend, geboren. Am 27. Februar fand die Taufe auf den Namen Rudolf Joseph Lorenz in der katholischen Kirche des Nachbardorfes Draškovec statt. Die Gegend gehörte damals zu Ungarn, war aber vornehmlich von Kroaten bewohnt, so daß die Sprache, welche das Kind in seiner Umgebung, neben dem Deutschen, vor allem hörte, eine slawische war.

Die Eltern stammten aus dem österreichischen Kerngebiet. Beide wurden im Waldviertel in Niederösterreich nördlich der Donau geboren. Der Vater Johannes Steiner stammte aus Geras, die Mutter Franziska, geborene Blie, aus Horn. Von Geras nach Horn kommend, war Johannes Steiner als Jäger im Dienste des

Grafen Hoyos tätig. Schon in seiner Heimat verkehrte er häufig mit den sehr gebildeten Prämonstratenser-Mönchen. An ihnen erlebte er die Bedeutung von Bildung, und es war sein Wunsch, sie seinen zukünftigen Kindern zu ermöglichen.

Als Johannes Steiner Franziska Blie, die er, im Dienste des Grafen stehend, kennengelernt hatte, heiraten wollte, wurde ihm das von diesem verweigert. Als Folge kündigte der freiheitsliebende Johannes Steiner seinen Dienst auf, erlernte den Beruf eines Stationsvorstehers bei der neuen südösterreichischen Eisenbahn und ging mit seiner jungen Frau in die Fremde.

Zunächst wurde Johannes Steiner an eine Station geschickt, deren Name nicht erhalten geblieben ist, jedoch war der Ort in der südlichen Steiermark gelegen (vermutlich zwischen Marburg an der Drau (heute Maribor) und Laibach (heute Ljubljana). Das war noch im Sommer 1860.[17] Erst kurz vor der Geburt Rudolf Steiners, etwa im Januar 1861, wurde sein Vater von der Eisenbahnleitung nach Kraljevec versetzt. Dort kam er, der als das erste von drei Kindern zur Welt. Es ist in bezug auf die weiteren Ausführungen, den Geburtsort Rudolf Steiners betreffend nicht ohne Bedeutung, daß seine Eltern sich in dieser besonderen Gegend Europas nicht nur zur Zeit der Geburt, sondern auch früher, während der ganzen der Schwangerschaft, aufhielten.

Durch diese Umstände kam Rudolf Steiner weit entfernt von der eigentlichen Heimat seiner Eltern unter sonst fremden Menschen zur Welt. So zeigte sich vom Beginn seines Lebens an das Motiv der Heimatlosigkeit, welche heute zunehmend vielen Menschen im Zusammenhang mit der Entwicklung der Bewußtseinsseele eigen ist.

In seiner Ansprache für die Russen, die Rudolf Steiner am 11. April 1912 in Helsinki hielt, wies er auf diese besonderen Verhältnisse mit folgenden Worten hin: «Diejenigen, welche die äußeren Träger ... jenes Blutes waren, aus dem ich stamme, sie stammten aus deutschen Gegenden Österreichs; da konnte ich nicht geboren werden. Ich selber bin in einer slawischen Gegend, in einer Gegend, die vollständig fremd war dem ganzen Milieu

29

und der ganzen Eigentümlichkeit, aus der meine Vorfahren stammen, geboren» (GA 158).

Bei der Geburt war das Kind sehr zart und schwächlich, und man befürchtete, es werde nicht lange leben. Deshalb war man bestrebt, es trotz der winterlichen Verhältnisse so bald als möglich taufen zu lassen. Da die Hebamme den Neugeborenen schlecht verbunden hatte, trat eine Blutung ein, die nicht sogleich bemerkt wurde. Durch mehrere Stunden blutete das Kind, bis seine Windeln ganz rot waren. Dieser große Blutverlust gehörte somit zu den allerersten Erdenerlebnisses des Kindes.

An der Grenze der germanisch-slawischen Bevölkerung des damaligen Österreich-Ungarn geboren – geisteswissenschaftlich gesehen an der Grenze der Ich- und Geistselbst-Kultur der Gegenwart und Zukunft – lag für Rudolf Steiner bereits in dieser Geburtskonstellation die zukünftige Aufgabe der Anthroposophie verborgen: den Übergang vom individuellen Ich zum Geistselbst zu finden und damit eine neue, bewußte Beziehung zur geistigen Welt zu begründen. Nur im freien Ich des Menschen kann das innere Feuer entfacht werden, das die geistige Entwicklung im Aufsteigen von unten nach oben ermöglicht. Durch das Geistselbst hingegen fließt, vermittelt durch das Element des Lichtes, die geistige Offenbarung von oben nach unten. Deshalb sprach Rudolf Steiner später von seiner geistigen Forschung einerseits und den geistigen Offenbarungen andererseits als von zwei Quellen der Anthroposophie.

Die Kräfte zur Ich-Entwicklung verdankte er somit seiner österreichischen Abstammung, die Offenbarung des Geistes durch das Licht konnte er aus der Ätherumgebung seines Geburtsortes entgegennehmen. Kraljevec liegt auf der sogenannten Mur-Insel, eine nach Osten sich verjüngende Halbinsel, gebildet von den Flüssen Mur und Drau, die nach ihrer Vereinigung in die Donau fließen. Der flache, aus feinem Sand bestehende Boden in dieser Gegend sorgt für eine besondere Empfänglichkeit der Natur für die ätherische Wirksamkeit des Lichtes. Auch birgt die unter offenem Himmel liegende Halbinsel in sich etwas wie eine

Erinnerung an das Zweistromland, dessen Konfiguration sich hier wie im Kleinen wiederholt, jedoch von üppiger Vegetation und viel Wald bedeckt.

Neben dem germanischen und slawischen Element[18] ist in dieser Gegend als ein drittes noch das keltische anwesend. Denn schon vor vielen Jahrhunderten war sowohl diese Gegend als auch die Steiermark im Norden, von Kelten besiedelt. Deshalb konnte Marie Steiner später über den Ursprung Rudolf Steiners schreiben: «In Slawentum getauchtes Deutschtum innerhalb keltischer Ursprungsstammkraft.»[19]

Der Geistesforschung Rudolf Steiners zufolge stieg der keltische Erzengel, nachdem er seine Aufgabe für das keltische Volk besonders gut erfüllt hatte, nicht auf die nächsthöhere Stufe eines Archē auf, sondern verblieb opfervoll weiterhin auf der Stufe eines Erzengels. Als solcher wirkte er dann als geistiger Leiter und Inspirator des esoterischen Christentums und darin vor allem der Gralsmysterien. (Siehe darüber GA 121, 12. 6. 1910-II).

So ist es nicht verwunderlich, daß wesentliche Episoden aus dem Umkreis der Gralsströmung sich in der Gegend ereigneten, wo später Rudolf Steiner geboren werden sollte.

Die Gralsgeheimnisse der Mur-Insel

Der Inhalt dieses Kapitels fußt weitgehend auf dem verdienstvollen Aufsatz von Viktor Stracke aus Graz: «Gralsstätten im alten Österreich. Der Weg des Trevrizent.»[20]

Auf seinen vielen, ausgedehnten Wanderungen kam der große Gralsdichter Wolfram von Eschenbach auch nach Aquileia, unweit des Nordufers der Adria gelegen. Sein Gönner, Wolfger von Leuprechtskirchen, von 1191 bis 1204 Bischof von Passau und mit Walther von der Vogelweide befreundet, wurde später zum Patriarchen von Aquileia ernannt. In seinem Bistum lebte noch die Tradition des freilassenden iro-schottischen Christentums und damit eine größere Unabhängigkeit von Rom. Deshalb konnte Wolfram von Eschenbach seinen Freund und Schutzherrn gefahrlos in Aquileia besuchen. Zu dieser Zeit waren vermutlich die ersten acht Bücher des großen Parzival-Epos bereits vollendet. Und es spricht vieles dafür, daß Wolfram das folgende, neunte Buch in Aquileia selbst oder nicht weit entfernt davon schrieb. Deshalb findet man darin eine genaue Beschreibung der Gegend, die sich nordöstlich von Aquileia bis zur Mur-Insel hin erstreckt.[21]

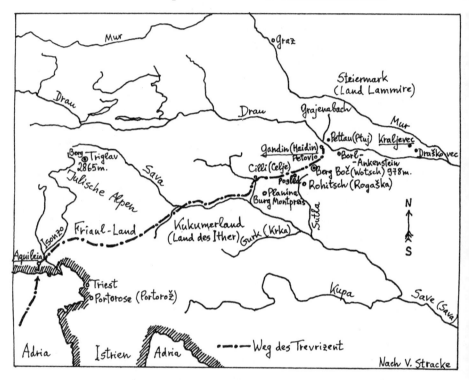

Im neunten Buch wird die Reise Trevrizents zu seinem Freund Gahmuret, dem zukünftigen Vater Parzivals, dargestellt. Sie hatten diesen Besuch im spanischen Sevilla verabredet, und nun reist Trevrizent auf dem Schiff bis Aquileia, um von dort, in Begleitung des jungen Ritters Ither, zu dem Stammsitz Gahmurets, zu reiten. Dieser hieß Gandin, nach dem Namen des Vaters von Gahmuret, der damals auch Eigentümer dieser zur südlichen Steiermark gehörenden Gegend war.[22] (Im neunten Kapitel erwähnt Wolfram die Steiermark, wodurch diese Gegend eindeutig zu identifizieren ist.)

Der Ritt führte sie durch das Friauler-Land, nordöstlich von Aquileia, dann an dem Fluß Save entlang bis zur Stadt Cilli, vorbei an dem Berg Wotsch[23], mit der an seinem Fuß liegenden Stadt Rohitsch, immer weiter nach Osten, bis zu dem Ort, «wo der Grajena-Bach in die Drau mündet» («Parzival», Buch neun). Dieser Ort, Gandin oder Haidin genannt, lag am südlichen Ufer der Drau, gegenüber der noch heute auf dem Hügel sich prachtvoll erhebenden Stadt und Burg Pettau (heute Ptuj) auf der nördlichen Seite des Flusses gelegen.

Südlich des Flusses hingegen, wo sich bereits seinerzeit eine römische Siedlung befand, soll die Stammburg Gandins, des Vaters von Gahmuret, gewesen sein.[24] Nach dem Tode seines älteren Bruders, Galoes, wurde Gahmuret als sein Nachfolger Herr über diese Gegend, einschließlich der Mur-Insel.[25] Zu dieser Zeit lebte Gahmuret schon lange nicht mehr auf Gandin, sondern auf der Burg Ankenstein (Borl), flußabwärts, östlich von Pettau gelegen. Wie es damals üblich war, verließ er schon als junger Ritter die Burg seines Vaters und bezog die Burg Ankenstein als seinen eigenen Wohnsitz, bzw. ließ sie sogar für sich erbauen. Daraufhin nahm er in sein Wappen mit dem Panther (der auch im Wappen der Steiermark enthalten ist) noch einen Anker auf, dem Namen der neuen Burg entsprechend.

Auf seinen vielen Wanderungen lernt Gahmuret, wahrscheinlich durch die Vermittlung der Artus-Ritter, die französische Königin Anflise kennen, die ihm zum zukünftigen Knappen einen Knaben aus dem Geschlecht des Königs Artus mit Namen Schionatulander noch als ganz kleines Kind übergibt. (Darüber berichtet Albrecht von Scharfenberg in seinem Epos «Der jüngere Titurel».) Gahmuret und Herzeloide nehmen den Jungen auf, er wächst bei ihnen wie ein Sohn heran und wird in allen ritterlichen Künsten unterrichtet. Später nicht nur Knappe, sondern auch inniger Freund Gahmurets, begleitet er ihn stets auf seinen

Reisen. So fällt dem jungen Schionatulander auch die schwierige, aber von dieser besonderen Verbindung mit Gahmuret zeugende Aufgabe zu, dessen Frau Herzeloide, die mit Parzival schwanger war, die Nachricht seines Todes im Orient zu überbringen. Auch Signe, die Nichte Herzeloides, lebt nach dem Tod ihrer Mutter, die bei der Geburt des Kindes gestorben war, seit ihrem fünften Lebensjahr auf der Burg bei Gahmuret und Herzeloide. So wachsen die beiden Kinder gemeinsam auf und sind sich von Anfang an innig zugetan. Auf diese Weise kommt Schionatulander mit wichtigen Vertretern des Gralsgeschlechts in unmittelbare Berührung, denn sowohl der damalige Gralskönig Amfortas als auch Trevrizent und die Mutter Signes sind Geschwister Herzeloides.

Ein ganz besonderes Schicksal verbindet Schionatulander jedoch nicht nur mit den Eltern Parzivals, sondern auch mit dem zukünftigen Gralskönig selbst. Eines Tages, als sie vor ihrem Zelt verweilen, jagt an Signe und Schionatulander ein Hund vorbei, der ein prächtiges Halsband (Brackenseil) mit geheimnisvollen Zeichen trägt. Bevor Signe diese richtig betrachten kann, reißt der Hund sich los und rennt davon. Nun ist Signe so begierig, diese Zeichenschrift zu lesen, daß sie ihren Minneritter bittet, ihr den Hund mit dem kostbaren Seil wiederzubringen. (Auf die okkulte Bedeutung dieser Episode sowie der Inschrift auf dem Brackenseil kann an dieser Stelle nicht eingegangen werden.) Bei dieser Suche trifft Schionatulander auf den Ritter Orilus, der voller Zorn auf der Suche nach Parzival ist, welcher kurz zuvor in voller Unschuld und Unwissenheit Jeschute, Orilus› Frau, geküßt und ihr den Ring und ihre Spange weggenommen hatte. Jetzt will Orilus sie rächen und Parzival töten. Im Walde trifft er jedoch auf Schionatulander, den er in seinem Zorn nicht erkennt, für Parzival hält und erschlägt.

Auf diese Weise ergibt sich eine ganz besondere karmische Verknüpfung zwischen Schionatulander und dem zukünftigen Gralskönig. Wegen seines Vergehens an Jeschute hätte eigentlich Parzival sterben sollen, mit allen sich daraus ergebenden tief tra-

gischen und nicht absehbaren Folgen für das Schicksal der Gralsmysterien auf der Erde. Die höheren Mächte lassen es jedoch
zu, daß ein anderer für Parzival opfervoll stirbt und damit die
Zukunft der Gralsmysterien rettet. So kann man sagen: Schionatulander, ohne sich dessen bewußt zu sein, bewahrt durch seinen
frühen Tod den Hauptstrom des esoterischen Christentums für
die Menschheit.

Aus diesem Grund macht die Begegnung mit Sigune, ihren
toten Bräutigam auf dem Schoße, einen zunächst so unerklär-
lich starken Eindruck auf Parzival. Denn vor seinen Augen wird
derjenige beweint, der statt seiner und für ihn starb. Von dieser
Begegnung an beginnt Parzivals Geistbewußtsein allmählich zu
erwachen, und sein langer und prüfungsreicher Einweihungsweg
zum Gralskönigtum beginnt.

Zu dieser Darstellung aus den Recherchen Viktor Strackes
muß noch hinzugefügt werden, daß mit der Gegend um den
Berg Wotsch[26] noch bis zum Beginn des 20. Jahrhundert im Volke
Legenden überliefert waren, die sehr an solche um Lohengrin
erinnerten. Nach dem oben Gesagten ist dies durchaus möglich,
da Lohengrin, als Parzivals Sohn und demnach Urenkel Gandins,
sich auch auf die Stammburg seiner Vorfahren zeitweise zurück-
gezogen haben könnte, um von dort her durch den Gral zur Hilfe
von Elsa von Brabant gerufen zu werden.

Wie bekannt, wurde der heilige Gral nach der Zeit Lohen-
grins endgültig in die geistige Welt zurückgenommen, um dort
von den Engeln unter der Obhut des ehemaligen keltischen Erzengels aufbewahrt zu werden. In dem Vortrag vom 23. Juli 1922
erwähnt Rudolf Steiner, daß besonders auserwählte Menschen,
die in ihrem Leben etwas Bedeutendes im Dienste der geistigen
Welt vollbringen konnten, nach ihrem Tode für einige Zeit neben
den Engeln Hüter des Grals in den übersinnlichen Welten werden. «Besonders auserlesene lebende Tote wurden zu Hütern
des Heiligen Grals bestellt. Und man wird die Gralssage niemals
vollständig verstehen, wenn man nicht weiß, wer eigentlich die
Hüter des Grals waren» (GA 214).

In diesem Sinne verkehrte Schionatulander nicht nur intim mit vielen Angehörigen des Gralsgeschlechtes – er war wohl selber, so wie später Parzival, auf dem Wege von der Artus- zur Gralsritterschaft –, sondern bewirkte, ohne es zu beabsichtigen, die Rettung der Gralsmysterien. So war er vorbereitet, nach seinem Opfertod in den Kreis der menschlichen Gralshüter in der geistigen Welt einzutreten und damit in die unmittelbare Nähe des Erzengels des esoterischen Christentums zu gelangen, der später auch der Inspirator der Rosenkreuzer-Strömung wurde (siehe GA 121, 12. 6. 1910-II).

Während der Weihnachtstagung[27] deutet Rudolf Steiner hin auf die esoterische Beziehung zwischen den im Keltentum wurzelnden hybernischen Mysterien, den darauf folgenden Mysterien des Grales und den noch später auftretenden Mysterien der wahren Rosenkreuzer, die in der neueren Zeit geistige Nachfolger der Gralsströmung geworden waren.[28] Das ist eine konsequente Mysterien-Entwicklung, die, wie bereits erwähnt, unter der Führung und Obhut des ehemaligen keltischen Erzengels stand. Und diese Menschenseelen oder «lebende[n] Toten» waren als übersinnliche Inspiratoren auch in jenen esoterischen Strömungen wirksam.

Auch erwähnt Rudolf Steiner in dem gleichen Vortrag, daß Lohengrin zu dem okkulten «Schwanenritterorden» gehörte, dessen Mitglieder durch ihre besondere Einweihung sich zur «äußere[n] Umhüllung» der in der geistigen Welt lebenden Hüter des Grals machten. Denn «dem Schwanenorden haben sich diejenigen gewidmet, welche wollten, daß die Gralsritter durch sie hier in der physischen Welt wirken können», um die geistigen Geschicke Europas zu leiten.

Zu solchen geistigen Gralshütern, die durch die Schwanenritter auf der Erde wirkten, gehörte auch die Individualität Schionatulanders. Deshalb brauchen wir uns nicht zu wundern, daß in der Gegend, wo er seine Jugend verbrachte, Lohengrin-ähnliche Legenden entstanden.

Eine entscheidende Zwischenstation in der karmischen
Biographie Rudolf Steiners

Im Vortrag vom 14. August 1924 erwähnt Rudolf Steiner nur ein einziges Mal, daß es in der Reihe der Inkarnationen von Aristoteles und seinem Schüler Alexander, welche er als Paradigma für die Karmavorträge von 1924 nimmt, eine Zwischeninkarnation dieser beiden im 9. Jahrhundert in der Umgebung der Gralsmysterien gab. «Da sie dann ihr Karma heruntertrug in das Erdenleben ... lebten sie eigentlich als unbeachtete, unbekannte, früh hinsterbende Persönlichkeiten in einem allerdings für die Anthroposophie wichtigen Winkel Europas, aber eben ... nur wie kurze Zeit durch ein Fenster hineinschauend in die abendländische Zivilisation, Eindrücke, Impulse mitnehmend, aber nicht irgendwie bedeutsame Impulse gebend. Das mußten sie sich aufsparen für später» (GA 240).

Aus Mitteilungen Rudolf Steiners Ita Wegman gegenüber geht hervor, daß die hier beschriebene Inkarnation Schionatulanders eine seiner eigenen war.[29] Außerdem wies er in Gesprächen, die er neben Ita Wegman auch mit Elisa von Moltke und Walter Johannes Stein über die Gralsgeschichte des 9. Jahrhunderts führte, darauf hin, daß die Begegnung Parzivals mit Sigune, ihren toten Bräutigam beweinend, in der Gegend der Eremitage in Arlesheim stattfand. Daraus folgt, daß auch der Tod Schionatulanders durch die Hand von Orilus in dieser Gegend geschehen sein muß.

Somit haben wir eine wunderbare Entsprechung zwischen dem Geburts- und Todesort Rudolf Steiners. In Kraljevec, unweit des Ortes, wo Schionatulander seine Jugend und Lehrjahre als Knappe Gahmurets verbracht hatte, wurde er geboren.[30] Und in dem Arlesheim benachbarten Dornach, durch seine ärztliche Freundin bis in den Tod gepflegt und begleitet, verstarb er am 30. März 1925 in unmittelbarer Nähe des Ortes, wo im 9. Jahrhundert Schionatulander getötet und von Sigune beweint und begraben worden war.

Auch wird aus dem Gesagten verständlich, warum in der karmischen Biographie Rudolf Steiners diese kurze Zwischeninkarnation im 9. Jahrhundert von derart ausschlaggebender Bedeutung für die spätere Begründung der Anthroposophie als «Grals-Wissenschaft» (GA 13) war. Denn damit karmische Beziehungen im nachtodlichen Dasein ihre Früchte zeitigen können, müssen sie unbedingt auf der Erde geknüpft werden. Dazu gehörten vor allem die mannigfaltigen Verbindungen Schionatulanders zu den Menschen, die dem Zusammenhang der Gralsmysterien im 9. Jahrhundert am nächsten standen. Und nachdem diese karmischen Verknüpfungen durch seinen Opfertod für Parzival noch verstärkt worden waren, konnte Schionatulanders Seele diese Verbindungen in den übersinnlichen Welten weiter verfolgen und ausbauen. Möglicherweise war auch sie es, die Parzival auf seinem langen Prüfungsweg zum Gralskönig-Werden aus der geistigen Welt helfend begleitete und inspirierte. Falls es so gewesen sein könnte, dann wäre die Individualität Schionatulanders auch an der Einweihung Parzivals geistig beteiligt gewesen, die Rudolf Steiner als das «Ideal der neueren Initiation» bezeichnet, «insofern diese neuere Initiation abhängt von der Bewußtseinsseele» (GA 144, 7.2.1913).

Dies alles brachte Schionatulander nach seinem Tode in die unmittelbare Nähe des Erzengels des esoterischen Christentums sowie in den Kreis der übersinnlichen Gralshüter und machte aus ihm später einen bedeutenden Inspirator des wahren Rosenkreuzertums.

Als Folge konnte Rudolf Steiner im 20. Jahrhundert die moderne Gralswissenschaft in seinem Buch «Geheimwissenschaft im Umriß» darstellen und somit den Einweihungsweg Parzivals in einer der heutigen Zeit angemessenen Form allen Menschen eines guten Willens zugänglich machen. Denn «zu der ‹Wissenschaft vom Gral› führt der Weg in die übersinnlichen Welten, welcher in diesem Buche in seinen ersten Stufen beschrieben worden ist» (GA 13, Seite 407).

Auf dieser Grundlage blieb Rudolf Steiner als der führende Grals-Eingeweihte unserer Zeit nicht allein bei dem bereits

Gesagten, sondern bald nach Abschluß dieses Buches ging er noch viel weiter in der Offenbarung der Grals-Mysterien.

In den Formen des ersten Goetheanum als einer gegenwärtigen Gralsburg auf der Erde konnte er die «Wissenschaft vom Gral» für alle sichtbar machen, um daraufhin das Wesen des Grals selbst in Form des Grundsteins bei der Weihnachtstagung den Menschen zur Pflege und Obhut zu übergeben.[31]

Damit offenbarte Rudolf Steiner seine Mission in den Grals-Mysterien sowie seinen wahren Mysteriennamen als der Gralshüter unserer Epoche.[32]

Aus seiner tiefen Verbundenheit mit dem Erzengel des esoterischen Christentums vermochte Rudolf Steiner auch das wahre Rosenkreuzertum auf der Erde zu erneuern und mit den Mysterien des Grals untrennbar zu verbinden. Ein Zeugnis dafür ist, daß er in der «Geheimwissenschaft im Umriß» die siebenstufige Rosenkreuzer-Einweihung auch als Grals-Initiation charakterisiert und die Menschen, die heute diesen rosenkreuzerischen Weg gehen, und damit auch sich selber, als Grals-Eingeweihte bezeichnet.[33]

So wies Rudolf Steiner auf seine zentrale Stellung innerhalb des esoterischen Christentums hin, deren karmische Wurzeln wir in seiner kurzen Inkarnation im neunten Jahrhundert und ihren nachtodlichen Folgen sehen müssen.

Die Beschreibung Wolframs von Eschenbach

Zum Abschluß müssen hier die Texte Wolframs von Eschenbach selber angeführt werden. Sie gehören zu den wenigen Stellen im «Parzival», wo die geographischen Namen sehr genau wiedergegeben werden, was, wie wir gesehen haben, nur darauf zurückzuführen ist, daß Wolfram diese Gegend selber gut kannte, das heißt, sie bereist bzw. zu Fuß erwandert hatte.

Aus dieser Erfahrung läßt Wolfram Trevrizent seine eigene Reise wie folgt erzählen:

Als ich am *Rohas* strich vorbei
Auf Abenteuer mancherlei
Da kamen wackre Wenden-Degen
Zum Speerekampf mir kühn entgegen.
Auch zog ich von *Sevilla* aus
Nach *Cilli* hin durch Meergebraus,
Nachdem ich von *Aquilejas* Strand
Durchritten das *Friauler Land.*
Damals hab ich – o Lust und Pein –
Getroffen auch den Vater [Gahmuret] dein.
Als in Sevilla ich zog ein
Hatt auch der Anschewein vor mir
Dort schon genommen sein Quartier.

IX 1907–1917

...

Zum Knecht gab er den Neffen sein
Herrn *Ither,* mir, des Herz so rein,
Daß Falschheit keinen Raum dort fand,
Den König von *Kukumerland.*
Wir wollten unsre Fahrt nicht meiden
Und mußten voneinander scheiden.
Ich ritt zum Rohas unverwandt,
Er strebte nach des Baruchs Land.

«Von Sevilla bin ich weggeritten;
Als ich drei Wochen dort gestritten
Und Preis und Ruhm errungen dort,
Ritt unverweilt ich wieder fort
Hin nach *Gandin,* der werten Stadt
Von der *Gandin* den Namen hat,
Dein Ahnherr. Ither dort gewann
Den ersten Ruhm, der junge Mann.
Die Stadt lag, merk› es ganz genau,
Wo die *Grajena* mit der *Drau*
Goldreichen Wellen sich verband.

Herr Ither dorten Minne fand,
Denn er sah dort die Base dein,
Die dieses Landes Kön'gin war.
Ihr bot Gandin, der Anschewein,
Die Krone dieses Landes dar.
Lammire wurde sie genannt
Und *Steiermark* hieß man ihr Land.
So wird, wer Schildesamt will üben,
Durch viele Land› umhergetrieben.»
IX 1964–1990[34]

Man sieht, daß in diesem Auszug alle geographischen Namen sich genau auf die bis heute bestehenden Orte beziehen.

- Rohas entspricht Rohasberg oder Rohitschberg, auch Berg Wotsch genannt,
- *Cilli* entspricht den slowenischen Celje (in der Antike Celeia),
- von dem alten *Aquileja*, einer ehemaligen Hafenstadt der Antike, damals am nördlichen Ufer der Adria gelegen, sind heute noch einige Ruinen erhalten,
- das *Friauler Land* befindet sich nordöstlich von Aquileja und südlich der Julischen Alpen,
- das *Kukumerland* liegt östlich vom Friauler Land zwischen den Flüssen Save (Sava) in Norden und Gurk (Krka) im Süden,
- *Gandin* oder Hajdin, Vorort von Pettau (heute Ptuj, in der Antike Petovio), der am rechten Ufer des Flusses Drau liegt, gegenüber dem Hügel mit dem Schloß,
- der Bach *Grajena*, der am Rande der Stadt Ptuj von Norden in die Drau mündet,
- der Fluß *Drau*, südlich der Mur-Insel, welche «goldreiche Wellen» hat, was ebenfalls den Tatsachen entspricht: im Mittelalter gab es an der Drau Goldwäschen,
- die *Steiermark*, heute der südliche Teil Österreichs, erstreckte

sich zur Zeit Wolframs noch viel weiter nach Süden. Sie hieß auch Land der Lammire nach der Tochter Gandins, Schwester Gahmurets.

Die letzte Frage, die in dieser Beziehung Viktor Stracke noch bis zu seinem Tode beschäftigte, war das in den zitierten Abschnitten von Wolfram von Eschenbach erwähnte Geschlecht der «Anschewein» oder «Anschau», bei Wolfram «Anschouwe», das oft fälschlicherweise als «Anjou» übersetzt wird. Die Beziehung wird dabei so hergestellt, daß das Geschlecht der Anschau in einem Zusammenhang mit dem Gebiet um die französische Stadt Angers gesehen wird, die mit dem Haus Anjou in Verbindung steht.

Schon vor Jahren stellten einige anthroposophische Forscher, zum Beispiel Ernst Uehli, diese Verbindung jedoch in Frage. Denn gerade die großen Stauffer, Friedrich Barbarossa, Friedrich II. und Konradin, die auch als Förderer der Gralsströmung galten, standen in heftigsten Auseinandersetzungen mit den Vertretern des Hauses Anjou (Karl von Anjou ließ Konradin enthaupten). Deshalb ist eine Verbindung des Hauses Anjou mit dem Geschlecht Parzivals völlig unmöglich.

Kurz vor seinem Tode kam Viktor Stracke auf die Lösung des Rätsels. In der Nähe von Rohasberg befindet sich bis heute ein Schloß mit dem slowenischen Namen Poglet, was aus dem Slowenischen ins Deutsche übersetzt genau «Anschau» bedeutet: «Po» für «An», «glet» für «schau». Das heutige Schloß stammt aus dem Anfang des 17. Jahrhunderts, jedoch ist nicht ausgeschlossen, daß seine Fundamente in viel frühere Zeiten zurückreichen (wie dies zum Beispiel auch bei dem Schloß von Ptuj der Fall ist). Ist es nicht naheliegend, daß hier im 9. Jahrhundert, vielleicht sogar noch früher, das Geschlecht der «Anschau», der väterlichen Parzival-Familie, ansässig war?[35]

Natürlich ist mit diesen Angaben die Frage noch nicht endgültig geklärt, vielleicht konnte jedoch in die Richtung einer möglichen Lösung gewiesen werden.

Zum Geburtsdatum Rudolf Steiners

Nach Erscheinen dieses Aufsatzes wurde ich von verschiedenen Seiten bezüglich des richtigen Geburtstagsdatums von Rudolf Steiner gefragt. Aus dem undatierten, von Rudolf Steiner eigenhändig geschriebenen kurzen autobiographischen Text, den er entweder selber nicht beendete oder dessen Fortsetzung nicht erhalten geblieben ist, folgt eindeutig, daß Rudolf Steiner am 25. Februar 1861 in Kalejevec geboren wurde: «Meine Geburt fällt auf den 25. Februar 1861. Zwei Tage später wurde ich getauft».

Dieser Faksimile-Text wurde zum erstenmal zu Ostern 1975 in den «Beiträgen zur Rudolf-Steiner-Gesamtausgabe», anläßlich des 50. Todestages von Rudolf Steiner, veröffentlicht. In diesem Heft sind außerdem zwei Briefe Eugenie von Bredows abgedruckt, aus denen hervorgeht, daß sie zwischen Februar 1920 und Februar 1921 das richtige Geburtsdatum von Rudolf Steiner erfahren haben muß und ihm entsprechend schriftlich gratulierte. So schrieb sie in ihrem Brief vom 25. Februar 1921: «Heute, an dem Tage, der eigentlich der Tag der Geburt in dieser Verkörperung Ihrer Individualität gewesen sein soll, während wir bis dahin immer den 27. Februar dafür ansahen ...»

Es war im 19. Jahrhundert, vor allem in abgelegenen und ländlichen katholischen Gegenden, nicht selten, daß in den Kirchenbüchern bzw. Geburtsurkunden der Tauftag als Zeichen der geistigen anstelle des Datums der leiblichen Geburt eingetragen wurde. Warum Rudolf Steiner diese Ungenauigkeit später nicht korrigierte und sogar eine dadurch entstandene langjährige «Tradition» weiterhin aufrecht erhielt, zum Beispiel in seiner Autobiographie «Mein Lebensgang» (Kap. 1), bleibt zunächst ein Rätsel, obwohl dafür verschiedene Gründe angeführt werden können. Zum ersten, da auch ein Fehler in der Eintragung im Kirchenbuch nicht auszuschließen ist, könnte man sich vorstellen, daß Rudolf Steiner später, als er diese Ungenauigkeit bemerkte, darin ein klares Zeichen aus der geistigen Welt erkannte. Denn dadurch wurde er im Weiteren vor jedem möglichen Mißbrauch, der mit seinem wahren Geburtsdatum von unsauberer okkulter Seite her hätte getrieben werden können, geschützt. Er war der erste Eingeweihte in der neueren Zeit, der ganz offen und öffentlich wirkte, die Gefahren waren diesbezüglich nicht zu unterschätzen.

Ebenfalls könnte, von einem höheren Gesichtspunkt betrachtet, dieses Eingreifen des Schicksals durchaus der Wahrheit entsprechen. Denn Rudolf Steiner wurde, wie oben bereits erwähnt, am 25. Februar als ein sehr schwaches Kind geboren, und man befürchtete, daß er nicht überleben würde. Nach zwei Tagen war aber die Hauptgefahr vorüber, so daß man mit dem Weiterleben des Kindes rechnen konnte.

Geistig gesehen bedeutet diese Situation, daß bis zur Taufe am 27. Februar die Frage noch offen war, ob die Entelechie Rudolf Steiners in diesem Leibe bleiben könne, oder sich in die geistige Welt zurückziehen werde. Erst zwei Tage nach der Geburt faßte seine Entelechie den endgültigen Entschluß zu ihrer Inkarnation und war nunmehr bereit, den physischen Leib als ihr zukünftiges Erdeninstrument zu ergreifen. Deshalb konnte Rudolf Steiner später mit Recht auch vom 27. Februar – obgleich nicht im physischen Sinne – als dem Tag seiner Geburt sprechen.

An das Leben eines so hohen Eingeweihten, wie Rudolf Steiner es war, dürfen nicht nur gewöhnliche menschliche, allzumenschliche Maßstäbe angelegt werden, wie dies bei einem Durchschnittsmenschen durchaus berechtigt wäre. Das Erdenleben eines wahren Eingeweihten ist ein Mysterium, das sich in vollem Umfange vielleicht nur seinesgleichen aus dem Kreis der führenden Eingeweihten der Erde offenbaren kann.

4. Ein Weg zu Rudolf Steiner[36]

Die erste Begegnung

Nähert man sich dem Werk Rudolf Steiners, dann steht man zunächst überrascht vor der *Fülle* von über 350 Bänden der Gesamtausgabe. Es ist verblüffend, daraus zu entnehmen, welche verschiedenen Themen hier behandelt werden. Und fast unbegreiflich erscheint es, daß in Zeiten immer größerer Spezialisierung ein Mensch so kompetent und relevant auch für die praktischen Dinge auf derartig vielen Lebensgebieten auftreten konnte. Denn wir wissen wohl, daß es nach der Renaissance so gut wie keine Universalgelehrten in der europäischen Geschichte mehr gab. Und hier sehen wir im 20. Jahrhundert einen Menschen, der tatsächlich auf allen Wissensgebieten zu Hause war. Dies zeigt uns ein erster und noch recht oberflächlicher Blick auf sein Werk.

Betrachtet man nun dessen *Inhalt*, dann wird man noch von etwas anderem überrascht. Denn dieses Werk besteht fast ausschließlich aus Resultaten der Geistesforschung, die mit einer Präzision und Gründlichkeit durchgeführt wurden, wie sie sonst nur der Naturwissenschaft eigen sind. Es handelt sich bei diesen Inhalten allerdings nicht um weltliche Angelegenheiten, sondern um Tatsachen und Wesenheiten der geistigen Welt. Und dies alles entstand allein aus der eigenen geistigen Forschung Rudolf Steiners. Daraus ergibt sich die Frage: Wie war so etwas überhaupt möglich und vor allem, wie hat er selber das erreicht?

Wendet man sich von dieser Frage bewegt daraufhin dem *Lebenslauf* dieses Menschen zu, so bemerkt man recht bald, daß sein Leben in Wirklichkeit das größte Mysterium der Anthroposophie ist. Denn in ihrem Mittelpunkt steht ohne Zweifel der Entwicklungsweg ihres Schöpfers. Tief erstaunt sieht man die Resultate seiner geistigen Arbeit und möchte nun gerne wissen, wie er sie erreichen konnte.

In den alten Mysterien wurde Uneingeweihten niemals der Weg in die geistige Welt offenbar gemacht. Sehr selten und nur unter ganz besonderen Bedingungen wurde etwas davon bekanntgegeben. Diese Situation änderte sich jedoch grundsätzlich mit dem Geschehen der Auferweckung des Lazarus, wo zum ersten Mal in der Mysteriengeschichte der Menschheit eine vollgültige Einweihung nicht im Verborgenen eines Tempels, sondern ganz öffentlich durchgeführt wurde. An dieses Ereignis geistig anknüpfend, konnte Rudolf Steiner nicht nur selber die geistigen Wege gehen, die der heutigen Entwicklungsstufe der Menschheit entsprechen, sondern darüber auch öffentlich berichten.

In seinem Buch «Wie erlangt man Erkenntnisse der höheren Welten?» sowie in anderen seiner Bücher beschreibt Rudolf Steiner in allen Einzelheiten den Pfad der modernen Einweihung, auf dem er zu den Ergebnissen seiner Geistesforschungen gelangte. Diesen Einweihungsweg ging er zuerst selber und gab verantwortungsvoll davon nur weiter, was er gründlich untersucht und sorgfältig geprüft hatte.

Alles, was Rudolf Steiner in dieser Richtung veröffentlichte, steht heute jedem Menschen zur freien Verfügung. Denn in der Anthroposophie ist die individuelle Freiheit das oberste Gebot. Nicht ohne Grund liegt der Anthroposophie das Buch «Die Philosophie der Freiheit» zugrunde.[37] Deshalb spürt man sofort ganz deutlich, sobald man selbst beginnt, die ersten Schritte auf diesem Weg zu machen, daß man hier von Rudolf Steiner vollkommen freigelassen wird. Man kann beim Studium seines Werkes verbleiben oder nach einiger Zeit mit der Meditation oder anderen geistigen Übungen beginnen. Und schon beim Studium sind wir im Umgang damit ganz frei. Rudolf Steiner betont immer wieder, daß man die von ihm mitgeteilten geistigen Tatsachen *selber* von allen Seiten überprüfen solle. Und die keinesfalls einfachen, strengen Denkformen, in die er seine Forschungsergebnisse gekleidet hat, wurden von ihm ganz bewußt so gewählt, daß die Freiheit des Lesers vollumfänglich gewahrt bleibt.

Beschließt nun also der Mensch, den Schulungsweg der

Anthroposophie wirklich zu gehen, dann ist für ihn noch ein Weiteres nötig, worauf hier eingegangen werden muß.

Der Weg

Der ernstgenommene Schulungsweg verlangt von dem Menschen vor allem eine grundlegende Voraussetzung: das *Vertrauen*. Hat man es noch nicht gewonnen, sollte man so lange beim Studium der Anthroposophie verweilen, bis man sich daraus in genügendem Maße das Vertrauen in den Schulungsweg angeeignet hat. Betrachtet man, wie sorgfältig Rudolf Steiner diesen darstellt, wie er bei jedem Schritt der inneren Entwicklung auch sogleich die geistigen Folgen desselben beschreibt, so daß der Mensch immer vollbewußt weiterschreiten kann, dann wird man mit der Zeit beim Studium dieses Weges ein ausreichendes Vertrauen darein gewinnen, um ihn eines Tages selber betreten zu wollen. Und ist dies geschehen, so bemerkt man allmählich, wie man sich auf dem Wege befindet, den Rudolf Steiner *selbst* zuvor für uns alle ging. Denn wäre er ihn nicht selber gegangen, hätte er ihn uns auch nicht weitergeben können. Und so dürfen wir uns in aller Bescheidenheit sagen, daß wir uns diesbezüglich in den Fußstapfen Rudolf Steiners bewegen. Nur stehen wir erst am Anfang des Weges, auf dem er selber unvergleichlich weit gekommen war. Diese Tatsache bewirkt, daß das objektive Vertrauen in diesen Weg sich allmählich in das Vertrauen zu Rudolf Steiner selbst verwandeln wird.

So ist die erste, unabdingbare Voraussetzung der Geistesschülerschaft, ein objektives Vertrauen in diesen *Weg* zu erreichen. Und je weiter man auf ihm selber voranschreitet, desto mehr wird man die Erfahrung machen, daß man von Rudolf Steiner wie begleitet wird. Eine solche eigene Erfahrung wird dann auf die Seele zurückwirken und das objektive Vertrauen in den Weg mehr und mehr mit dem Vertrauen in denjenigen verbinden, der ihn als erster ging und dann für alle Menschen der Gegenwart erreichbar machte. Auf diese Weise wird das innere Vertrauen zu Rudolf Steiner immer weiter wachsen, ohne daß er dadurch zum «Guru» gemacht wird. Denn dieses objektive Vertrauen in den Geisteslehrer ist zugleich mit der vollkommenen Freiheit ihm gegenüber verbunden. Man bleibt ein autonomer moderner Mensch und kann ihm auf dem geistigen Pfad, ohne die eigene Freiheit nur im geringsten einzubüßen, doch folgen.

Wie bereits weiter vorne ausgeführt, spricht Rudolf Steiner über diese Art des Vertrauens zu einem Geisteslehrer, der auf dem modernen Rosenkreuzer-Weg zunehmend ein Freund des Schülers wird, in folgenden Worten: «Und bei dem Rosenkreuzerweg wird der Lehrer immer mehr der Freund, dessen Autorität auf innerer Zustimmung beruht. Ein anderes Verhältnis als ein streng persönliches Vertrauensverhältnis ist hier nicht möglich» (GA 96, 20. 10. 1906). Ist doch schon im gewöhnlichen Leben eine wahre Freundschaft ohne gegenseitiges Vertrauen nicht zu verwirklichen.

Auch weist Rudolf Steiner darauf hin, daß jede neue geistige Fähigkeit, die von den Menschen ergriffen und dann in der Seele geübt werden kann, zuerst von *einem* konkreten Menschen auf der Erde einmal erreicht sein muß. So erwähnt er in dieser Beziehung die Individualität des Gautama Buddha, welcher der Menschheit seinerzeit die Fähigkeit, den achtgliedrigen Pfad zu gehen, schenkte, oder auch Aristoteles, der das Wesen des logischen Denkens, das bis in unsere Zeit seine volle Gültigkeit hat, für alle folgenden Generationen begründete (siehe GA 114, 17. 9. 1909).

Etwas Ähnliches gilt auch für den modernen christlich-rosenkreuzerischen Einweihungsweg, den Rudolf Steiner als *erster* aus den Geisteskräften der gegenwärtigen Michael-Epoche ging und daraufhin allen Menschen eines guten Willens zugänglich machte. Denn, nach seinen Worten, konnten vor dieser Zeit sogar die fortgeschrittensten rosenkreuzerischen Eingeweihten diesen Weg nicht vollbewußt gehen. «Das ist aber das Eigentümliche seit dem Beginn der Michael-Epoche, seit dem Ende der siebziger Jahre im letzten Drittel des neunzehnten Jahrhunderts, daß dasselbe, was während der alten Rosenkreuzer-Zeit in der geschilderten [traumhaften] Weise erreicht worden war [als geistige Forschung], nun in *bewußter* Weise erreicht werden kann» (GA 233a, 13.1.1924).

Die Wahrheit

Beim weiteren Verfolgen des modernen Schulungsweges ist nun eine zweite Seelenqualität nötig. Diese bezieht sich zunächst auf den Wahrheitsgehalt der Geistesforschung. Vor dem Mysterium von Golgatha ging es in den alten Mysterien vor allem um die geistige Weisheit. Und die Frage danach war immer ausgerichtet auf das *Was*. Dieses «Was» versuchten alle Religionsgründer und alten Eingeweihten aus der geistigen Welt auf die Erde herunter zu bringen. Erst mit dem Erscheinen des Christus fand auf diesem Gebiet eine entscheidende Veränderung statt. Fortan ging es nicht allein um das «Was», sondern vor allem um das *Wer*.

Fjodor M. Dostojewskij brachte dies einmal in folgender Weise zum Ausdruck: Wenn ich zwischen der Wahrheit und dem Christus wählen sollte, dann würde ich mich für den Christus entscheiden. Vielleicht klingt eine solche Äußerung zunächst recht paradox. Hat denn nicht Christus selbst während seines Erdenlebens von sich gesagt: «Ich bin die Wahrheit»? Kann man hier eigentlich wählen, ist es nicht dasselbe? Nein, es ist keinesfalls dasselbe! Daher ist es für den Menschen von fundamentaler Bedeutung, sich für den Christus zu entscheiden. Denn Er ist die *personifizierte* Wahrheit, die Wahrheit, welche zugleich *ein Wesen* ist und deshalb unendlich viel höher steht als jede nur gedachte Wahrheit.

Mit dieser Frage nach dem «Wer» berühren wir eines der tiefsten Geheimnisse des Christentums überhaupt. Denn in nachchristlicher Zeit ist der Weg zur Wahrheit gleichzeitig der zu Christus (und umgekehrt), indem der Mensch sich so entwickelt, daß er selber etwas von dieser Wahrheit des Christus in sich aufnimmt.

Wie wir bereits sahen, widmete Rudolf Steiner sein ganzes Leben der Erforschung der geistigen Welt, welche die Welt der Wahrheit ist. Jeder Mensch, weil er ursprünglich der geistigen Welt entstammt, trägt etwas davon in sich, wenn auch zunächst noch unbewußt. Möchte er sich dessen aber bewußt werden, so ist es nur dadurch möglich, daß die Wahrheit nicht nur sein Bewußtsein erfüllt, sondern auch Teil seines Wesens wird. Denn das urchristliche Prinzip lautet: «Ich *bin* die Wahrheit». Und diese Wahrheit muß der Mensch selber werden.

Beim Studium der Anthroposophie begegnet der Mensch dem Wahrheitsgehalt der geistigen Welt in der Form, wie es der heutigen Zeit der Bewußtseinsseele allein angemessen ist. Mit anderen Worten: in den übersinnlichen Forschungen Rudolf Steiners sprechen die Wahrheiten der geistigen Welt selber zu uns. So führt mit der Zeit das Leben der Seele mit diesen Wahrheiten auch zu einem neuen Verhältnis zu Rudolf Steiner. Denn er war nur deshalb imstande, diese Wahrheiten zu finden und weiterzugeben, weil er etwas davon in sich verkörperte.

Wie dieses neue Verhältnis zu Rudolf Steiner sich weiterhin gestalten kann, das werden wir aus dem Folgenden ersehen. Zunächst muß auf dem Schulungsweg auf gesunde Weise, das heißt so, wie es zu der Bewußtseinsseele des heutigen Menschen gehört, der objektiven Wahrheit, die uns in dem Werk Rudolf Steiners begegnet, die entsprechende Achtung, die allmählich in eine echte und ganz freie Verehrung übergeht, entgegengebracht werden.

Das Kind trägt in sich eine natürliche Verehrung für den älteren Menschen. Es ist darin aber nicht frei. Und doch ist dieses kindliche Verhalten von großer Bedeutung für das weitere Leben. In dem Buch «Wie erlangt man Erkenntnisse der höheren Welten?» beschreibt Rudolf Steiner, wie aus dieser kindlichen Devotion eine Kraft für das ganze Leben wird, um später auf die allein richtige Weise, das heißt verehrungsvoll, der Wahrheit gegenübertreten zu können. Diese Stimmung der Verehrung gegenüber der Wahrheit ist *die* Grundstimmung auf dem modernen Schulungsweg. In dem genannten Buch beschreibt Rudolf

Steiner viele Seelenqualitäten, die für die geistige Entwicklung des Menschen notwendig sind, jedoch widmet er keiner davon so viel Aufmerksamkeit wie der Eigenschaft der Verehrung. Auf sechseinhalb Seiten, und auch später immer wieder, spricht er darüber.[38]

Bemerkt man nun, daß Rudolf Steiner als moderner christlicher Eingeweihter nicht nur über die geistige Welt, die zugleich die der Wahrheit ist, in unzähligen Vorträgen und vielen geschriebenen Werken berichtete, sondern diese Wahrheit auch selber lebte bzw. mit seiner ganzen Persönlichkeit repräsentierte und somit ihr Vertreter auf der Erde war, dann kann die auf dem Schulungsweg anerzogene Verehrung gegenüber der Wahrheit sich auf die im Menschen selbst erkannte ausweiten. In diesem Fall ist es kein altes Verehren mehr, das in die Abhängigkeit von einem anderen Menschen führt, und sei es sogar von einem hohen Eingeweihten, sondern man geht hier von einer objektiven Verehrung der Wahrheit aus und erkennt auf diesem Weg, wie man frei und unabhängig von jeder äußeren Autorität im zutiefst christlichen Sinne den anderen Menschen verehren kann, weil er in ganz objektiver Weise selber Träger dieser Wahrheit ist. Mit anderen Worten: Es ist möglich, Rudolf Steiner zu verehren und dabei ein autonomer und freier Mensch zu bleiben. Das eine schließt das andere jetzt nicht mehr aus.

Zusammenfassend kann man sagen: Es geht hier um eine lebenslange Entwicklung der Fähigkeit der Verehrung, welche die Grundlage jeder modernen Geistesschulung bildet[39] und aus drei Stufen besteht: Von der noch unfreien Verehrung eines Menschen in der Kindheit, zur Verehrung der Wahrheit in reiferen Jahren und schließlich zu einer ganz neuen Art von Verehrung hochentwickelten Menschen gegenüber, in denen die Wahrheit zu einem untrennbaren Bestandteil ihrer Persönlichkeit geworden ist. So pflegte Rudolf Steiner selbst sein ganzes Leben lang die tiefste Verehrung den großen Meistern des esoterischen Christentums gegenüber, ohne dadurch auch nur im geringsten seine Freiheit und völlige Unabhängigkeit zu beeinträchtigen.

Damit beantwortet sich auch die oft gestellte Frage, ob Rudolf Steiner sich bei seiner Geistesforschung nicht doch irgendwo geirrt haben könne. Hierbei geht es nicht um Einzelheiten, sondern um eine grundsätzliche Fragestellung. Und die Antwort lautet: Er teilte in streng wissenschaftlichem Sinne, verantwortungsvoll und gewissenhaft, den Menschen *nur so viel* von seiner Erforschung der geistigen Welten mit, als er selbst, durch die Prüfungsmethoden, die er in seinen Büchern ausführlich beschreibt, die Wahrheit seiner Forschungsresultate gewährleisten konnte. Wo er sich aber diesbezüglich noch nicht ganz sicher war, da schwieg er und forschte weiter – manchmal jahrelang –, bis es soweit war, daß er diese Ergebnisse seiner Arbeit der geistigen Welt gegenüber, und damit vor allem der Wahrheit in sich selbst, wirklich verantworten konnte.

Aus diesem ganz objektiven Gefühl der Verehrung zu Rudolf Steiner, das nichts Unfreimachendes mehr in sich enthält, kann man auf dem individuellen Weg der Geistesschülerschaft auch in zunehmendem Maße seine geistige Anwesenheit und Hilfsbereitschaft erleben.

Das neue Leben

Die dritte auf dem Schulungsweg unabdingbar benötigte Eigenschaft ist die der Dankbarkeit. Sie bildet auch die sechste Bedingung der Geistesschülerschaft.[40] In einer gesunden Seele entsteht sie wie von selbst aus der tieferen Bekanntschaft mit der Anthroposophie. Blickt man in dieser Beziehung auf sein eigenes anthroposophisches Leben zurück, so darf man sich fragen, was wäre aus dir *ohne* Anthroposophie geworden? Welch armseliges Dasein würdest du haben, wäre sie dir *nicht* begegnet. So entsteht vielleicht erst nach Jahren in der Seele ein sicheres Gefühl dafür, daß die Anthroposophie dir etwas wie ein *neues Leben* schenkte.

Vor allem die erste Begegnung mit ihr ist ein entscheidender Moment in der Biographie eines Menschen. Denn im Rückblick erscheint alles, was *vor* dieser Zeit lag, wie eine Art Vorbereitung auf das, was sie uns dann als ein neues Leben gewährte. Auf diese Grundeigenschaft der Anthroposophie verweist Rudolf Steiner im zweiten seiner «Briefe an die Mitglieder»: «Anthroposophie kann nur als etwas Lebendiges gedeihen. Denn der Grundzug ihres Wesens ist Leben. *Sie ist aus dem Geiste fließendes Leben.* Deshalb will sie von der lebendigen Seele, von dem warmen Herzen gepflegt sein» (GA 260a, 21.1.1924).

Rudolf Steiner berichtet davon, daß in einem besonderen Moment im Leben eines Menschen etwa folgendes geschehen kann. Er wandert zum Beispiel im Gebirge und geht, ohne es zu bemerken, auf einen Abgrund zu. Da hört er plötzlich einen Ruf: «Bleib stehen». Er schaut um sich und sieht niemanden, der ihm dies äußerlich zugerufen haben könnte. Und doch entging er dadurch in diesem Augenblick dem sicheren Tode, denn hätte er noch einen weiteren Schritt getan, so wäre er unvermeidlich in einen Abgrund gestürzt. So wurde dem Menschen ein neues Leben geschenkt. Ein solches Erlebnis nennt Rudolf Steiner: Den Ruf von Christian Rosenkreutz.[41] Durch einen solchen Ruf wählt Christian Rosenkreutz seine esoterischen Schüler.

Es gibt aber auch noch eine andere Erfahrung, die ähnliche Folgen haben kann. Nur geschieht sie in diesem Fall anhand eines Buches oder Vortrags von Rudolf Steiner, vielleicht sogar nur durch einen einzigen Satz daraus. Auch hier wird man einen Ruf vernehmen. Er ertönt jedoch nicht wie von außen, sondern aus den Tiefen der eigenen Seele, von woher auch die Verstorbenen zu uns sprechen. Das ist ein Ruf von Rudolf Steiner, der uns durch unsere Begegnung mit der Anthroposophie ein neues Leben schenkt. Jedoch kann dieser ganz freilassende Ruf von uns vernommen werden, ohne daß wir zuvor unbedingt in Lebensgefahr geraten müssen.

Dieses Erlebnis vermag dann in der Seele ein ganz neues Verhältnis zu Rudolf Steiner zu wecken, welches der tiefsten *Dankbarkeit* dem Schicksal gegenüber entspringt, weil man in diesem Leben der Anthroposophie begegnen durfte. Denn früher oder später wird jeder Mensch, der die Anthroposophie nicht in einem oberflächlichen, intellektuellen, sondern in einem tieferen, ja existentiellen Sinne in sich aufgenommen hat, die Begegnung mit ihr als eine Gnade des Schicksals empfinden. Rudolf Steiner bestätigt dies in den Worten: «Wer heute Gelegenheit hat, sich der Geist-Erkenntnis hinzugeben, genießt eine Gnade des Karma» (GA 130, 5. 11. 1911). Und die aus diesem Erlebnis entstandene Dankbarkeit kann sich daraufhin wie auf natürliche Weise auf Rudolf Steiner selbst ausweiten. Denn fürwahr, ohne ihn hätten wir keine Anthroposophie.

So entsteht durch die Begegnung mit ihr zuerst Dankbarkeit für das *eigene Schicksal*, die dann zu einem tiefen Dankbarkeitsgefühl Rudolf Steiner gegenüber wird. Und gleichzeitig spürt man ganz klar, daß diese Dankbarkeit denjenigen, der sie empfindet, völlig frei läßt und keine Gefahr in sich birgt, dadurch die eigene Unabhängigkeit auch nur im Geringsten zu verlieren. Die auf solche Weise entstandene Dankbarkeit ist ganz objektiv, weil sie in dem Wesen der Sache selbst begründet ist. Sie ist der eigenen Biographie unauslöschlich eingeprägt.

Und wenn wir in dieser Art den geistigen Ruf Rudolf Steiners tatsächlich vernommen haben und aus unserer Freiheit bereit sind ihm zu folgen, das heißt das neue, uns geschenkte Leben entgegenzunehmen, um uns den daraus entstehenden Aufgaben zuzuwenden, dann kann Rudolf Steiner innerlich zu uns sprechen, dann sind wir auf dem Wege, seine esoterischen Schüler zu werden.

Das «Ich-bin»

Aus dem Dargestellten folgt, daß dasjenige, was heute zu Rudolf Steiner führen kann, vor allem drei Grundqualitäten sind, die wir uns nur selbst anerziehen können: Das *Vertrauen* zu dem anthroposophischen Schulungsweg, die *Verehrung* zum Wahrheitsgehalt der Anthroposophie und die *Dankbarkeit* den Schicksalsmächten gegenüber, daß wir in diesem Leben der Anthroposophie begegnen durften.[42] Um aber auf diesem Wege erfolgreich voranzuschreiten, muß noch eine vierte, die wichtigste Eigenschaft hinzukommen.

Wie bekannt steht im Zentrum der Anthroposophie das Geheimnis des Ich oder des «Ich-bin». Auf die Frage, die Rudolf Steiner in London gestellt bekam, wie man Anthroposophie für den Oxford Dictionary ganz kurz definieren könne, schrieb er in Englisch auf ein Blatt: «Anthroposophy is a knowledge produced by the Higher Self in man», in der Übersetzung: «Anthroposophie ist eine Erkenntnis, die von dem höheren Selbst im Menschen hervorgebracht wird» (Carl Unger, «Was ist Anthroposophie?»). Das höhere Selbst oder höhere Ich des Menschen ist aber nicht in ihm. Es bleibt auch nach seiner Geburt in der geistigen Welt zurück und befindet sich dadurch *außerhalb* des Menschen.[43] Was wir im Erdenleben gewöhnlich als unser Ich bezeichnen, ist nur ein Abbild dieses höheren Selbstes in unserer leiblichen Umhüllung. Wenn nun sein eigentliches Ich außerhalb des Menschen ist, wie kann er ihm dann überhaupt ohne Einweihung begegnen? Die Antwort der Anthroposophie auf diese Frage lautet: In allem, was im Leben karmisch von außen auf dich zukommt, in Schicksalsschlägen, in dich treffenden Naturereignissen, vor allem aber durch andere Menschen, denen du begegnest, wirkt in ganz objektiver Weise dein höheres Ich auf dich ein.

Daraus ergibt sich, daß, wenn jemand das höhere Ich nur *in sich* sucht und liebt, er damit der größtmöglichen Illusion verfällt, zum krassesten Egoisten wird und im schlimmsten Falle sogar auf den Weg der schwarzen Magie geraten kann. Sucht er es hingegen *außerhalb von sich* mit voller Hingabe und Liebe, dann lernt er allmählich *alles* zu lieben, was *um ihn herum* ist, alles, was ihm im Erdenleben begegnet.

Das höhere Ich ist ein rein geistiges Wesen. Und die wahre Liebe zu ihm ist daher die selbstlose Liebe zum Geistigen überall in der Welt und vor allem zu seiner Offenbarung in den anderen Menschen. Wir können, ohne das höhere Ich in den anderen Menschen zu lieben, nicht unser eigenes höheres Ich in der geistigen Welt finden. Die Vereinigung mit ihm bildet aber den Kern der modernen Einweihung. Nur auf der Stufe der Intuition kann eine echte Begegnung mit dem höheren Ich im Geiste stattfinden, die zu einer Wesensvereinigung führt. Intuition ist aber reine Liebe, welche allein die vollständige Verbindung mit einem anderen Wesen ermöglicht, ohne sich dabei selbst zu verlieren. Deshalb braucht man, um den Weg zum höheren Ich wirklich zu gehen, allen anderen Seelenqualitäten voran, diese selbstlose Liebe. «Nur durch die höchste Ausbildung und Vergeistigung der Liebefähigkeit kann dasjenige errungen werden, was in der Intuition sich offenbart. Es muß dem Menschen möglich werden, die Liebefähigkeit zu einer Erkenntniskraft zu machen» (GA 227, 20. 8. 1923), das heißt zu einer Kraft, die, bei seiner Vereinigung mit ihm, das höhere Ich auch erkennen kann. Eine solche Liebe, die im Menschen zu höherer Erkenntniskraft werden konnte, ist aber keinesfalls ichlos, sondern öffnet allein uns die Tore zu dem höheren Ich und damit zu unserem wahren Wesen.

Die erste Begegnung mit dem höheren Ich in der geistigen Welt ist keinesfalls abstrakt, sondern ein ganz konkretes Geschehen. Denn solange der Mensch sich noch nicht selber aus der ihm erwachsenden Kraft der Intuition mit seinem höheren Ich vereinigen kann, ist er darauf angewiesen, es bei den Wesen suchen, die diesen Weg bereits vor ihm gegangen sind. In dieser Beziehung sagt Rudolf Steiner etwas, was der heutige Mensch, solange er diese geisteswissenschaftliche Mitteilung nur oberflächlich nimmt, nicht gerne hört, die hier jedoch, ihrer entscheidenden Bedeutung wegen, ausführlicher zitiert werden soll: «Das höhere Selbst des Menschen ist nichts, was in uns lebt, sondern um uns herum ... Wenn er es in sich suchte, würde er es nie finden. Er muß es bei denjenigen suchen, die den Weg schon gegangen sind, den wir gehen wollen ... Das, was in einigen Tausend Jahren unser Selbst sein wird, das ist jetzt unser höheres Selbst. Um aber wirklich Bekanntschaft mit dem höheren Selbst zu machen, müssen wir es da suchen, wo es heute schon ist, bei den höheren Individualitäten. Das ist der Verkehr der Schüler mit den Meistern.» Und etwas später sagt Rudolf Steiner noch dezidierter: «Das höhere Selbst [des Menschen] sind die höherentwickelten Individualitäten» (GA 93 a, 18. 10. 1905).

Man muß diese Worte aber nicht als Alltagsmensch, sondern als Esoteriker deuten, dann können sie nicht mißverstanden werden. Vor allem darf hier nicht das Persönliche mit dem Überpersönlichen verwechselt werden. Denn das höhere Ich gehört ganz objektiv dieser oben genannten Sphäre an. Deshalb kann auch die geistige Liebe zu Rudolf Steiner nur einen selbstlos-überpersönlichen Charakter haben. Diese Erkenntnis kann uns eine ganz neue Perspektive in bezug auf das Verhältnis zu Rudolf Steiner eröffnen. Dann kann unsere Liebe zu ihm, als dem Träger des höheren Ich für alle diejenigen seiner Schüler, die *seinen* Weg in die geistige Welt gehen wollen, ganz objektiv und frei sein, als die selbstlose Liebe zu demjenigen, der uns die Möglichkeit gibt, schon heute *in ihm* unser höheres Ich wie ein hehres Zukunftsideal bewußt wahrzunehmen. Denn das höhere Ich, das wir zu entwickeln haben als das Ziel all unserer Bestrebungen, ist in ihm bereits vollumfänglich anwesend, weil er den gleichen Weg, den wir noch vor uns haben, bereits gegangen ist.

Hier besteht jedoch die Gefahr, daß der Mensch, der noch überhaupt keine Erfahrung mit seinem höheren Ich hat, der Versuchung unterliegt, die in den zitierten Worten beschriebene Situation unbewußt auf sein eigenes niederes Ich zu projizieren und folglich eine so hohe Individualität, wie Rudolf Steiner es war, auf die eigene Ebene herunterzuziehen. Dann aber ist die Begegnung mit der Individualität Rudolf Steiners genauso schwer zu ertragen wie die mit dem eigenen höheren Ich oder mit dem Hüter der Schwelle. Jedoch wird die daraus entstehende Auflehnung gegen Rudolf Steiner nur klar zeigen, daß der Betreffende sein höheres Ich nicht selbstlos und objektiv in der geistigen Welt, sondern immer noch in sich selber sucht und folglich keine wirkliche Annäherung an es verkraften kann.

An dieser Stelle ist eine weitere Frage berechtigt: Wenn Rudolf Steiner mein höheres Ich repräsentiert, wie kann ich ihm gegenüber überhaupt frei bleiben? Die Antwort darauf liegt in dem Geheimnis der selbstlosen, aber keinesfalls ichlosen Liebe, die zur höchsten Kraft der Intuitionserkenntnis wird und dadurch auf dem Pfad der modernen Geistesschülerschaft so objektiv zu dem höheren Ich führt, daß hier keine Rede von einer Beschränkung der Freiheit sein kann. Wäre das anders, dann hätte Rudolf Steiner in der gegenwärtigen Epoche der Freiheit gar nicht vor der Menschheit als Geisteslehrer auftreten können.

Man kann diesen Gedanken auch so formulieren: Ohne die selbstlose und reine Liebe zu Rudolf Steiner können wir das Ziel des Weges zu unserem höheren Ich in der Form, wie er ihn uns gab, nicht wirklich erreichen. Nur wenn unsere Liebe zu Rudolf Steiner eine solche Qualität bekommt, wie wir sie auf den Schulungsweg in uns entwickeln müssen, dann wird sie uns auch ganz freilassen.

Gleichzeitig wird die Liebe zu unserem höheren Selbst, das wir nur außerhalb von uns finden, zur Liebe zu allem, was uns in der Welt als das Wahre, Schöne und Gute begegnet.[44] Und je näher wir unserem höheren Ich in der geistigen Welt kommen, desto mehr wird unsere Liebe sich vor allem auf denjenigen Meister konzentrieren, dem wir selber nachfolgen, das heißt, in dessen Fußstapfen wir diesen Weg in die höheren Welten gehen. Dann wird er uns auf diesem Wege selber begegnen, uns aber nicht aus der Vergangenheit, sondern aus der Zukunft entgegenkommend. Und aus seiner geistigen Vollmacht wird er uns in strenger Objektivität die Kräfte unseres höheren Ich schenken – noch lange bevor wir es aus eigener Kraft voll erreichen können – als eine Antwort auf unsere selbstlose Liebe zu ihm, und ohne daß er dabei nur im geringsten in unsere individuelle Freiheit eingreifen wird.

Man kann an dieser Stelle grundsätzlich sagen, daß das höhere Ich des Menschen – wenn nur die Annäherung an es auf richtige Weise stattfindet – die individuelle Freiheit auch nicht im geringsten beeinträchtigen, sondern auf eine ganz neue Stufe heben wird, die Rudolf Steiner als die «neue Freiheit» bezeichnet. So beendet er in seinem Buch «Wie erlangt man Erkenntnisse der höheren Welten?» das Kapitel über die Begegnung mit der kleineren Hüter der Schwelle, die nur dann voll bestanden werden kann, wenn der Geistesschüler zumindest bis zu einem gewissen Grad zum Erleben seines höheres Ich durchgedrungen ist, mit folgenden Worten: «Die Empfindung der neuen Freiheit wird alle anderen Gefühle überwiegen; und mit dieser Empfindung werden ihm die neuen Pflichten und die neue Verantwortung wie etwas erscheinen, das der Mensch auf einer Stufe des Lebens übernehmen muß» (GA 10, Seite 203). Und diese ganz neue Freiheit erlebten viele Menschen in der Gegenwart Rudolf Steiners und vor allem im persönlichen Umgang mit ihm, wovon viele von ihnen mündlich und schriftlich berichtet haben.

Das Dargestellte überblickend, entdeckt man in den vier beschriebenen Stufen, die das Verhältnis zu Rudolf Steiner heute charakterisieren, ein tief christliches Geschehen. Denn sie sind das mikrokosmische Abbild der Worte des Christus: «Ich bin der Weg und die Wahrheit und das Leben» (Joh. 14,6). So kann man einen inneren Zugang zu der geistigen Wirklichkeit dieser Worte aus der Anthroposophie heraus entwickeln durch

1. das Vertrauen in ihren Schulungs*weg*,
2. das Verehren ihres *Wahrheits*gehalts,
3. die Dankbarkeit für die aus ihr stammende Verwandlung unseres ganzen *Lebens* und in dem, worin diese drei Eigenschaften kulminieren:
4. in der selbstlosen *Liebe* zu unserem höheren *Ich*.

Gehen wir *diesen* Weg zu unserem höheren Ich, dann werden wir auch finden, daß daraus diese ganz neue und intime Verbindung zu Rudolf Steiner entsteht, die unsere individuelle Freiheit nicht tangiert. Dann wird man bemerken, daß die Worte: «Ich bin der Weg und die Wahrheit und das Leben» eine unabdingbare Grundlage bilden nicht nur für den modernen Schulungsweg, sondern auch für eine gegenwärtige Beziehung zu unserem Lehrer, der selber als der führende christliche Eingeweihte unserer Zeit diesen Weg in der Nachfolge Christi uns allen voran ging.

Diesen Weg müssen wir aber aus eigener Initiative gehen. Denn kein Anderer kann in uns das Vertrauen, die Verehrung, die Dankbarkeit und die Liebe zu unserem höheren Ich erzeugen, als nur wir selbst. Und wenn wir versuchen, dann auf dem Schulungsweg unsere innere Beziehung zu Rudolf Steiner *in dieser Weise* zu pflegen, werden wir recht bald erleben, wie er beginnt, uns durch unser ihm entgegengebrachtes Vertrauen zu *begleiten*, durch unsere Verehrung zu *helfen*, durch unsere Dankbarkeit zu uns zu *sprechen* und durch unsere selbstlose Liebe zu ihm uns die Kräfte unseres höheren Ich, das uns aus der Zukunft entgegenkommt, zu *schenken*.

So werden wir aus eigener Erfahrung immer mehr erkennen, was es in Wirklichkeit bedeutet, ein esoterischer Schüler Rudolf Steiners zu sein. Dann werden die Worte, die Benediktus im «Mysteriendrama» spricht und welche die gegenwärtige Beziehung Rudolf Steiners zu allen seinen wirklichen Schülern beschreiben, eine selbst erlebte und unerschütterliche Wahrheit werden:

> «Ich muß begleiten jeden, der von mir
> Im Erdensein das Geisteslicht empfangen,
> Ob er es wissend, ob nur unbewußt
> Sich mir als Geistesschüler hat ergeben,
> Und muß die Wege weiter ihn geleiten,
> Die er durch mich im Geist betreten hat».
> («Der Hüter der Schwelle», 6. Bild)

Diese 1912 geschriebenen Worte des Benediktus darf man nach der Weihnachtstagung, bei der Rudolf Steiner sich mit der neubegründeten Anthroposophischen Gesellschaft freiwillig und ichhaft, das heißt bis in sein eigenes Karma hinein, verbunden hat, jetzt in einem noch tieferen Sinne verstehen. Mit diesem Opfer wollte er seinen Schülern die Möglichkeit geben, seinem vom Christus-Impuls völlig durchdrungenen *Ich* zu folgen, das auf der Erde den anthroposophischen Schulungs*weg* begründet, den Menschen den ganzen *Wahrheit*sgehalt der Anthroposophie gegeben und aus ihrem *Leben* die mannigfaltigsten praktischen Initiativen überall entwickelt hatte, damit aus der freien Ich-Kraft der Mitglieder dieser Gesellschaft in ihr der Weg, die Wahrheit und das Leben der Anthroposophie bis in alle Einzelheiten hinein stets gedeihen können.

Dafür gab Rudolf Steiner den Mitgliedern der Gesellschaft an der Weihnachtstagung den übersinnlichen Grundstein als das unerschütterliche Fundament der Anthroposophischen Gesellschaft, der in sich das Geheimnis der neuen Geistesoffenbarung birgt, von der er bereits viele Jahre zuvor in seiner «Theosophie» geschrieben hatte: «Der ein «Ich» bildende und als «Ich» lebende Geist sei «Geistselbst» genannt, weil er als «Ich» oder «Selbst» des Menschen erscheint» (GA 9, Seite 51). Dieser *ich*haft-pfingstliche Geist, der in der Gedankenaura des dodekaedrischen Liebessteins erscheint,[45] läßt in den Seelen der Menschen, die ihn in den Boden ihrer Herzen eingepflanzt haben, sein Gedankenlicht zum geistigen *Weg*, seine imaginative Form zur neuen *Wahrheit* und seine Liebessubstanz zum Quell des spirituellen *Lebens* werden, das die Anthroposophische Gesellschaft sozial gestalten, durchdringen und tragen kann.[46]

Und so möge dieser geistige Grundstein der Anthroposophischen Gesellschaft, der in sich das Geheimnis des Christus-Wortes «Ich bin der Weg und die Wahrheit und das Leben» trägt – denn nach diesem Ich-Wort wurde er auch gebildet – in unseren Herzen eine unauslöschliche Verbindung zwischen uns und Rudolf Steiner sein, auf daß seine Ziele zu unseren werden, so wie er selber die Christus-Ziele zu seinen Zielen gemacht hat.

5. Rudolf Steiner
und der Gründungsvorstand[47]

Das esoterische Dreieck

Betrachtet man die Konstellation der Persönlichkeiten des von Rudolf Steiner auf der Weihnachtstagung eingesetzten esoterischen Vorstands, so fällt sofort auf, daß er aus einem inneren und einem äußeren Kreis bestand. Zum inneren Kreis gehörten: Marie Steiner, Ita Wegman und Albert Steffen, und zum äußeren zusätzlich noch Elisabeth Vreede und Günther Wachsmuth. Im Mittelpunkt beider Kreise befand sich Rudolf Steiner, und zwar für den inneren Kreis als geistiger Lehrer und Leiter der Esoterischen Schule und für den äußeren als Leiter der Anthroposophischen Gesellschaft.

In diesem Sinne bezeichnete Rudolf Steiner in einem privaten Gespräch das «geistige Dreieck im Pentagramm»[48] als esoterische Figur, die er der inneren Konstellation des Gründungsvorstands zu Grunde gelegt hatte.

Wie bereits ausführlich in einer anderen Arbeit des Autors[49] dargelegt, können diese Worte Rudolf Steiners folgendermaßen verstanden werden:

Das geistige Dreieck der esoterischen Konstellation des Gründungsvorstands:

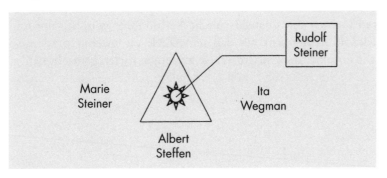

Seine exoterische Konstellation, die mehr auf die Tätigkeit in der äußeren Welt gerichtet ist, bildet ein Pentagramm:

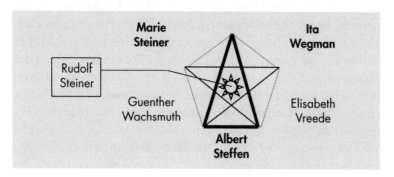

Die Namen in den Zeichnungen beziehen sich nicht auf die Ecken, sondern auf die Seiten der Figuren.

Welche Bedeutung hatte das esoterische Dreieck um Rudolf Steiner im Gründungsvorstand? Seine Aufgabe bestand darin, mit den Kräften der drei es bildenden Individualitäten auf der Erde eine geistige Schutzhülle um den Lehrer zu bilden, und es ihm nach seinem Tod zu ermöglichen, übersinnlich anwesend zu sein und durch die genannten Vorstandsmitglieder in der geistigen Führung der Esoterischen Schule und der Anthroposophischen Gesellschaft zu wirken.

Zu einem Verständnis des Wesens dieser esoterischen Hülle gelangt man nur vermittels ihres höchsten makrokosmischen Urbilds, über das Rudolf Steiner in den Vorträgen vom 30. Mai 1912 sprach (GA 155). Nach seinen Worten müssen in der weiteren Menschheitsentwicklung auf der Erde durch die moralischen Taten der Menschen allmählich drei Hüllen für das Christus-Ich als höchstes Gruppen-Ich der Menschheit gebildet werden. Seine geistig-physische Hülle muß aus den Taten des Gewissens der Menschen entstehen; seine ätherische Hülle aus den Taten der Liebe und des Mitleids und die astralische Hülle «durch alle moralischen Handlungen der Verwunderung, des Vertrauens, der Ehrfurcht, des Glaubens, kurz durch alles, was zur übersinnlichen Erkenntnis den Weg gründet.» Diese gemeinsame Arbeit der Menschen mit Christus wird bis zum Ende der Erdenentwicklung andauern. Denn anfangs fand der Christus-Impuls, der sich mit der Erdenentwicklung durch das Mysterium von Golgatha verbunden hatte, «nun aber auf der Erde nichts, womit er sich bekleiden könnte.» Einzig durch die Weiterentwicklung der Menschen auf der Erde wird er, nach den Worten Rudolf Steiners, seine neuen Hüllen erlangen, um am Ende ihrer Evolution zum geistigen Mittelpunkt der gesamten Menschheit (ihrem wahren Ich) zu werden, um das herum sie sich dann in ihrer ganzen Vielfalt vereinigt. «So werden die Menschen durch die Erdenentwicklung die Grundlage bilden für eine große Gemeinschaft, die durch und durch von dem Christus-Impuls durchzogen, durchchristet sein kann.»

Das, was später im Rahmen der gesamten Menschheit verwirklicht werden kann und muß, das kann schon heute in kleineren Gruppen von denjenigen vorbereitet werden, die durch ihre wahre christliche Einweihung bereits auf der Erde das volle Christus-Bewußtsein erlangt haben, das heißt, in ihr individuelles Ich etwas von der Substanz des Welten-Ich des Christus aufgenommen haben.[50]

Gerade dies mußte auf mikrokosmisch-menschlicher Ebene noch zu Lebzeiten Rudolf Steiners mit seinem Ich geschehen und sollte nach seinem Tod fortgeführt werden dank der gemeinsamen esoterischen Arbeit von Marie Steiner, Ita Wegman und Albert Steffen im Gründungsvorstand.

Marie Steiner

Gleich von Beginn ihrer Zusammenarbeit an bestand die esoterische Hauptaufgabe Marie Steiners darin, eine «geistig-physische» Hülle um Rudolf Steiner für seine gesamte folgende geistige Tätigkeit auf der Erde zu bilden. Deshalb war auch Rudolf Steiners Hauptbedingung, als er gebeten wurde, die gerade gegründete Deutsche Sektion der Theosophischen Gesellschaft

(1902) zu leiten, daß Marie von Sivers an dieser Leitung teilnahm, und übertrug ihr dann die gesamte organisatorische Arbeit der Sektion, was ihm erlaubte, alle seine Kräfte auf seine rein geisteswissenschaftliche und esoterische Tätigkeit zu konzentrieren. Rudolf Steiner erinnerte sich selber folgendermaßen daran: «Bei diesen Vorträgen [über die Mystik des Mittelalters, die er im theosophischen Salon der Grafen Brockdorf im Winter 1900 hielt.] erschien eines Tages als Zuhörerin Marie von Sivers, die dann durch das Schicksal ausersehen ward, die Leitung der bald nach Beginn meiner Vorträge gegründeten «Deutschen Sektion der Theosophischen Gesellschaft» mit fester Hand zu übernehmen» (GA 28, Kapitel XXX, Seite 394). Und in der wichtigsten deutschsprachigen Zeitschrift der Theosophischen Gesellschaft «Vâhan» veröffentlichte Rudolf Steiner in dieser Zeit eine Notiz, in der er mitteilte: «Alle Geschäfte der Deutschen Theosophischen Gesellschaft und der Bibliothek übernimmt am 20. September [1902] Fräulein M. von Sivers.»[51] So konnte Rudolf Steiner dem wichtigen «okkulten Gesetz» treu bleiben, demzufolge ein Eingeweihter seine geistige Arbeit nicht mit einer Verwaltungs- und Organisationstätigkeit verbinden darf.[52]

Im Weiteren übernahm Marie Steiner aufopferungsvoll diese schützend- abwehrende Rolle, die vor allem darin bestand, einen zu großen Ansturm von Wünschen und Forderungen von Mitgliedern der Anthroposophischen Gesellschaft und außerhalb der Gesellschaft stehenden Menschen zu verhindern, der Rudolf Steiner in seiner esoterischen Arbeit beeinträchtigt hätte. Deshalb bezeichnete er sie nicht nur einmal als seine «geistige Reinemachefrau» und unterstrich immer wieder, wie viel er gerade ihrer Hilfe zu verdanken habe, das heißt, der um ihn errichteten geistig-physischen Schutzhülle.

In einem tieferen Sinne bildete Marie Steiner in seiner engeren Umgebung eine Art Stimme des «kosmischen Gewissens», dessen Handlungen einem «kosmischen Gericht» glichen mit häufig katastrophalen Folgen für diejenigen, die den Zugang zu Rudolf Steiner aus unreinen oder egoistischen Motiven suchten. Denn sie war die einzige in seiner Umgebung, die die Kraft hatte, jedem «Nein» zu sagen, der sich in unangemessener Weise Rudolf Steiner näherte. So war sie immer bemüht, alle negativen Einflüsse und Behinderungen, die ihn bei seiner geistigen Arbeit hätten stören können, wie eine geistige Mauer von ihm abzuhalten. Sogar in solchen Fällen, in denen ihr kompromißloser Schutz für Rudolf Steiner Feindseligkeiten ihr gegenüber hervorrief, erfüllt sie trotz allem diese freiwillig übernommene Aufgabe bis zum Ende.

Dies alles wirft ein besonders Licht auf den Charakter des ersten Treffens von Marie von Sivers mit Rudolf Steiner. Vom ersten Moment an, gleichsam auf Geheiß der inneren Stimme des höheren Gewissens, erkannte sie in ihm den Träger der Hauptmission des esoterischen Christentums für unsere Zeit und faßte den Entschluß, seiner Mission alle ihre Begabungen und Kräfte zu widmen. Diese innere Gewißheit ihres Urteils (im Deutschen kommt das Wort «Gewissen» vom Wort «Gewißheit») bewahrte sie bis zum Ende ihres Lebens. Deshalb schrieb ihr Rudolf Steiner noch kurz vor seinem Tod: «Innere Kompetenz gestehe ich für mich doch nur *Deinem* Urteil zu» (GA 262, Brief vom 27. 2. 1925, kursiv Rudolf Steiner).

Vielleicht war die charakteristischste Eigenschaft in diesem Zusammenhang ihre völlige Selbstlosigkeit. Die russische Eurythmistin Tatjana Kisseleff, die viele Jahre unter der Leitung von Marie Steiner gearbeitet hatte, erinnert sich an sie: «Als Grundzug ihres Wesens erlebte ich Selbstlosigkeit: Träger für die höchsten geistigen überpersönlichen Ziele zu sein. Wo andere manchmal Willkür, Subjektivität, Ungerechtigkeit, Mangel an Sach- oder Menschenkenntnis empfanden, konnte ich das Erlebnis haben, daß durch Marie Steiners Vermittlung wie ein kosmisches Urteil spreche, eine kosmisches Gericht stattfand.»[53]

In Rudolf Steiners Augen war sie eine geistige «Priesterin»,[54] die, vom Schicksal vorbestimmt, jenen unsichtbaren Altar in den höheren Welten hütete, an dem er dem Geist diente. Ihr aufrechter Charakter, unbestechlicher Wahrheitssinn und besonders ihre gewaltige Seelenkraft bildeten eine feste Grundlage für diese schwierige Aufgabe. Gerade über die hinter ihr stehende geistige Kraft äußerte sich Rudolf Steiner einmal in einem Gespräch mit Klara Walter: «Ja, sehen Sie ... hinter Frau Doktor steht eine starke geistige Kraft, das können viele nicht ertragen.»[55]

Marie Steiner brauchte jedoch eine solche ungewöhnliche geistige Kraft, um aus den Gewissenskräften eine geistig-physische Hülle für den Lehrer zu bilden, die stark genug war, um ihn vor okkulten Schlägen und Angriffen zu schützen. Denn wie keine andere in seiner Umgebung wußte sie um die unerbittliche Feindschaft gegen ihn seitens einiger geheimer okkulter Freimaurergesellschaften und Mitglieder des Jesuiten-Ordens sowie um die von ihnen ausgehende reale Gefahr, die manchmal sogar sein Leben bedrohte.[56]

Ita Wegman

Einen ganz anderen Impuls stellte Ita Wegman in der Umgebung Rudolf Steiners dar. Aus den reinsten Kräften des Mitleids und der Liebe sollte sie im esoterischen Vorstand die ätherische Hülle um das Ich Rudolf Steiners bilden, welche die für seine geistige Arbeit notwendigen Heilkräfte enthielt. Ihre Berufserfahrung als Arzt sollte ihr bei der Erfüllung dieser schwierigen Aufgabe von besonderem Nutzen sein. Deshalb stützte sich Rudolf Steiner in den letzten Jahren seines Erdenlebens bei seiner geistigen Arbeit vor allem auf die Kräfte ihrer Opfer-Liebe. In seinem Brief an Ita Wegman vom 14. Juni 1924 schrieb er: «Ich meditiere in Deiner Meditation mit und stütze mich auf deine Liebe.»[57]

Ita Wegman, die sich in der Anthroposophischen Bewegung seit deren frühesten Anfängen befand – sie wurde Mitglied der deutschen Sektion der Theosophischen Gesellschaft und traf dort Rudolf Steiner bereits 1902 in Berlin – mußte bis zum Brand des ersten Goetheanum auf ihr geistiges Erwachen warten. Als sie die mächtigen, zum dunklen Himmel lodernden Flammen sah, eröffnete sich ihrem inneren Erleben nicht nur die Verbindung des ersten Goetheanum zum Artemis-Tempel in Ephesus, sondern auch ihre eigene karmische Verbindung zu Rudolf Steiner, die bis zu ihrer gemeinsamen Verkörperung im Umkreis der ephesischen Mysterien und darüber hinaus zurückreichte. Von diesem Moment an, geleitet vom Gefühl der Liebe und des Mitleidens mit dem Lehrer, entschied sie sich, ihre Arbeit und ihr Leben vollständig Rudolf Steiner zu weihen, was sie ihm 1923 während seines Vortragszyklus in Penmaenmawr (England) mitteilte.

So geschah auf der Erde die Begegnung des Lehrers mit seinem wichtigsten Schüler, der ihn im Verlauf vieler Erdenverkörperungen begleitet hatte und dessen Erwachen zu der gemeinsamen geistigen Arbeit der Beginn der Erneuerung des gesamten anthroposophischen Impulses war, die an der Weihnachtstagung vollzogen wurde.

Diese freie Entscheidung von Rudolf Steiners wichtigstem Schüler, ihm aufgrund der Erkenntnis des Karma alle seine Kräfte und Fähigkeiten aus Opfer-Liebe und unendlichem Mitleid nach dieser größten Tragödie zur Verfügung zu stellen, eröffnete Rudolf Steiner die Möglichkeit zur Erforschung völlig neuer Bereiche der geistigen Welt und zur Führung der anthroposophische Bewegung auf eine vollkommen neue Art und Weise.

Darüber hinaus konnte Rudolf Steiner sich jetzt auch auf die Kräfte seiner eigenen Liebe zu diesem seinem Schüler stützen, als er in der geistigen Welt wahrnahm, wie die die Anthroposophische Bewegung führenden michaelischen Mächte mit wachsendem Wohlwollen auf die erneute geistige Zusammenarbeit des Lehrers mit seinem Schüler herunterschauten, die in ihrem tausende von Jahren umfassenden Karma wurzelte. So schrieb Rudolf Steiner im Brief an Ita Wegman vom 11. Juni 1924: «Und ich darf nun auch zu den Menschen anders sprechen als früher. Die geistigen Mächte, deren Ausdruck die Anthroposophie ist, sehen wohlwollend, liebend, wie ich mich stütze nunmehr auf die Liebe, die ich hege zu Deiner von mir so hochgeschätzten Seele. Und die ist mir die stärkste Stütze.»[58]

Aus dieser Opferliebe und diesem Mitleiden, die sich nach der

Erkrankung des Lehrers noch vertieften, sollte Ita Wegman eine schützende und heilende Hülle um Rudolf Steiner schaffen, die stark genug war, ihn vor denjenigen Dämonen zu schützten, deren Angriffen er vor allem während seiner Krankheit ausgesetzt war, und deren Anwesenheit sie so stark in seiner Umgebung erlebte. In diesem Zusammenhang schrieb Ita Wegman: «Dämonen, die sich einstellten, die Drohungen machten. Viele dieser Drohungen habe ich gewußt, habe teilweise verstanden, teilweise nicht verstanden. Ganz alles verstehen würde so schrecklich sein, daß mir die Sache verborgen bleibt.»[59]

So gehörte es zu den wichtigen Aufgaben Ita Wegmans, dieser schrecklichen Realität von Angesicht zu Angesicht sich mutig entgegenzustellen, um bei diesem unsichtbaren Kampf an der Seite des Lehrers zu stehen.[60]

Albert Steffen

Albert Steffen, ein großer Dichter und ungewöhnlich fein empfindender Esoteriker, gehörte zu den wenigen Schülern in der näheren Umgebung Rudolf Steiners mit ureigener geistiger Erfahrung. Deshalb sagte Rudolf Steiner über ihn, daß nicht nur die Anthroposophen, sondern auch die Anthroposophie selber viel über die realen Wege in die geistige Welt von Albert Steffen lernen könne.

Weniger als vierzig Tage vor seinem Tod schrieb Rudolf Steiner über ihn: «Er [Steffen] braucht den Weg in die geistige Welt nicht von der Anthroposophie zu lernen. Aber Anthroposophie kann von ihm eine lebendige, im Seelenleben veranlagte «Pilgerfahrt» nach der Geist-Welt kennenlernen. Ein solcher Dichtergeist muß, wenn er richtig empfunden wird, innerhalb der anthroposophischen Bewegung als der Träger einer Botschaft aus der Geist-Sphäre empfunden werden. Als gutes Schicksal muß es gefühlt werden, daß er innerhalb dieser Bewegung wirken will» (GA 36, 22. 2. 1925). Denn in der Persönlichkeit Albert Steffens wirkte, nach Rudolf Steiners Worten in demselben Aufsatz, «das

Licht dieser Wahrheit», der Wahrheit der Anthroposophie selber (ebenda).

Ein solches Licht anthroposophischer Wahrheit wirkt im reinen Astrallicht innerhalb eines Menschen, der eine angeborene Veranlagung und einen später bewußt anerzogenen Sinn für das Staunen, die Verehrung und den Glauben an die geistige Welt und die Geisteswissenschaft durch sein verehrend-schöpferisches Miterleben ihres Inhaltes in der eigenen Seele hat. Nicht nur in den künstlerischen Werken Albert Steffens, seiner Prosa, seinen Dramen und Gedichten kann man diese Seelenqualitäten fühlen, sondern auch in seiner Malerei, besonders in den Aquarellen. Sie gleichen der Weltwahrnehmung eines unendlich weisen Kindes voll verehrenden Staunens über die Geheimnisse des Seins und mit der feinsten Sensibilität für die Präsenz und allgegenwärtigen Handlungen der übernatürlichen Welt und der in ihr lebenden geistigen Wesenheiten. Vor allem in der ungewöhnlichen, nur Albert Steffen eigenen Kompositionsgabe mit ihrem wahrhaft imaginativen Charakter – seine Aquarelle sind mit keinem anderen Künstler zu verwechseln –, in seinem besonderen Gefühl für Farben und in der Fähigkeit, mit rein malerischen Mitteln das ihm von Anfang an eigene, unerschütterliche Vertrauen in die guten Kräfte des Daseins und den tiefen, manichäischen Glauben an deren endlichen Sieg in der Welt auszudrücken, die nur ein Kind oder ein großer Weiser haben kann – in all dem zeigen sich anschaulich die Albert Steffen eigenen, hochgradigen seelischen Qualitäten, von denen oben gesprochen wurde.

Diese Gefühle hegte Albert Steffen nicht nur gegenüber den Mitteilungen der Geisteswissenschaft, sondern vor allem auch gegenüber dem Lehrer selber. Aus diesen Gefühlen wurde in seiner Seele jene leuchtende Imagination geboren, über die er in seiner Trauerrede bei der Beisetzung Rudolf Steiners sprach:

«Da stieg dieses Bild vor mir auf: das Weltall, vom Lichte durchflutet, ein unendliches Sonnen-Meer, das immer leise, sanfte Wellen aufwirft, Wogen, die ebenso gut Engelsfittiche sein könnten.

Dieses Sonnenleuchte-Leben sah ich vor meinem Auge und ich erblickte davor die Mondesschale, die zunimmt, als Gesicht, das lächelte, ein ewig junges Angesicht, Rudolf Steiners Antlitz war es. Es schaute in die Sonne, es tauschte Worte mit ihr.

Sein Haupt, das bis zum letzten Augenblicke ein heiliges Gefäß der Gedanken gewesen war, und sein Herz, das das ganze Leben voll Liebe geschlagen hatte, sie erschienen mir als der unschuldige Mond und die Liebessonne.

Was Rudolf Steiner bis zuletzt in seinem Leibe zurückbehalten wollte, um uns zu dienen, er, der Diener Gottes – jenes vollbewußte Denken und jenes liebeglühende Herz, es stand am Geisteshimmel, wie ein geschwisterliches Paar.

Und wie ich dieses sah, da sagte ich mir: Niemals mehr werden wir in die Gepflogenheiten des finsteren Jahrhunderts zurückfallen. Mögen Unwahrheit, Unschönheit und Ungüte noch so fürchterlich auf uns eindringen, diese Mächte vermögen uns im Innersten nichts mehr anzuhaben, solange wir den Geist zu diesem Bild erheben, und uns daran erlaben, und es zu unserem Lebenstranke machen.

Denn das ist der Gral und Rudolf Steiner der Erfüller Parzivals.»[61]

Wer sich wirklich in diese von Albert Steffen geschaute reale Imagination der geistigen Welt einlebt, der kann ebenso spüren, daß diejenigen geistigen Kräfte der Seele Albert Steffens, die ihm diese Wahrnehmung ermöglicht hatten, gerade jene Kräfte waren, wegen derer er im esoterischen Vorstand besonders dazu berufen war, für die dritte, die astrale Hülle von Rudolf Steiners Ich zu sorgen.

Die besondere Konstellation
der seelischen Kräfte

Die einzigartige Möglichkeit zur Zusammenarbeit der drei Hauptmitglieder des Gründungsvorstandes aufgrund ihrer sich gegenseitig ergänzenden seelisch-geistigen Qualitäten zeigt sich besonders klar, wenn man das Zusammenwirken dieser drei Kräfte in der menschlichen Seele betrachtet.

Von diesem Standpunkt aus gesehen stellt Marie Steiner das Wirken der Kräfte des *Denkens im Willen* dar, was nach den geisteswissenschaftlichen Angaben Rudolf Steiners die *magische* Konstellation der menschlichen Seele ist. Deshalb wirkte die Individualität Marie Steiners wirklich magisch auf die Menschen in ihrer Umgebung, was diese etwas Übermenschliches in ihr erleben ließ. Dabei bildeten die Kräfte ihres Gefühls etwas wie einen inneren Raum, um in ihrer Seele die Denk- und Willensimpulse hervorzurufen und zu entfalten. Man kann sagen, daß die Gefühlskräfte in ihr von der Peripherie herein wirkten, während das Denken und der Wille aus dem Mittelpunkt ihres innersten Wesens, das heißt aus ihrem Ich kamen.

Bei Ita Wegman hingegen kamen die Denkkräfte hauptsächlich von der Peripherie her, während aus der Mitte ihres Ich die *Willens- und Gefühls*kräfte wirkten. Dies stellte in ihrer Seele eine *Einweihungs*konstellation dar, die sie aus ihren früheren Verkörperungen mitgebracht hatte. Deshalb bestimmte Rudolf Steiner gerade sie zu seiner Mitleiterin der ersten Klasse der Esoterischen Schule.[62]

Albert Steffen schließlich, in dessen Seele die Willenskräfte von der Peripherie her und die *Gefühls- und Denkkräfte* aus seinem Ich wirkten, trug eine besondere Veranlagung zur Entwicklung des neuen *bewußten Hellsehens* in sich, was in seinem Leben als Dichter ständig seine schöpferische Phantasie nährte.

So stellten diese drei Persönlichkeiten in ihrer Gesamtheit die drei Hauptaspekte aller wahren Mysterien dar, von denen Rudolf Steiner das Folgende sagt: «In allen alten okkulten Schulen gab es drei Arten, hinaufzugelangen zu den höchsten Gebieten des Erkennens. Die erste Art war die des Eingeweihten, des Initiierten, die zweite Art war die des Hellsehers und die dritte Art war die des Magiers. Das sind drei ursprünglich voneinander grundverschiedene Dinge: *Einweihung, Hellsehertum und Magie*» (GA 101, 21. 10. 1907-II).

Das Gesagte soll nun an drei Beispielen aus dem Leben Marie Steiners, Ita Wegmans und Albert Steffens erläutert werden.

In zahlreichen Memoiren wird bezeugt, daß Marie Steiner tatsächlich über eine gewisse magische Kraft verfügte, die auf die Menschen in ihrer Umgebung wirkte, so daß viele nach der Begegnung mit ihr den Eindruck hatten, es wirke ein gewisses höheres, übermenschliches Wesen durch sie.[63] Dadurch wurden die Menschen in ihrer Umgebung entweder ihre Freunde und Bewunderer oder eben ihre Feinde. Kaum ein Mensch konnte sich der ihr entströmenden inneren Kraft entziehen.

Daraus entsprang auch ihre ganz besondere Beziehung zum Christus-Impuls, die es ihr ermöglichte, Rudolf Steiner schon ganz zu Anfang seiner anthroposophischen Tätigkeit die entscheidende Frage nach der Notwendigkeit des Durchdringens der theosophischen Weisheit mit christlicher Esoterik zu stellen, das heißt nach der Theosophie «unter Berücksichtigung des Christus-Impulses.»[64] Diese seelische Besonderheit Marie Steiners bedingte auch ihre tiefe Verbindung zu Novalis und seinem magischen Idealismus, der weder auf einem verstandesmäßig-theologischen, noch auf einem nur aus Gefühlen entsprungenen mystischem Erfassen Christi gründete, sondern auf einem ganz besonderen, «magischen» Zugang zu Ihm, den die übrige Menschheit erst in der Zukunft erreichen wird.

Folgende Episode zeugt davon, daß Marie Steiner über diese magischen Kräfte bereits von Jugend an verfügte. Einmal trafen Marie und ihre Freundin bei einem einsamen Waldspaziergang im Baltikum auf eine Meute hungriger, verwilderter Hunde, die mit lautem Bellen und Zähnefletschen auf sie zustürzten. Um ihre Freundin zu schützen, trat Marie vor und versperrte der Hundemeute den Weg. In diesem Moment größter Gefahr erlebte sie in ihrer Seele ein Gefühl vollständiger Ruhe, aus der ihr eine gewaltige innere Kraft erwuchs, die wie durch einen Zauber die rasenden Hunde in die Flucht schlug.[65]

Eines der zentralen Ereignisse im Leben Ita Wegmans, das zweifellos den Charakter einer wahren Einweihung hatte, das heißt das Erwachen des Menschen an der Schwelle zur geistigen Welt, oder, was dasselbe ist, an der Todesschwelle, geschah während ihrer schweren Krankheit im Jahre 1934. In der Zeit, als sie auf die Schwelle zur geistigen Welt getreten war, erlebte sie, nach ihrem eigenen Bekunden, eine Begegnung mit der Christus-Wesenheit und Rudolf-Steiner, «die mich zur Erde zurückschickten und von mir erwarten, daß ich etwas tue, anders als bis jetzt.»[66] Anders ausgedrückt, sie erwarteten von Ita Wegman, daß sie von diesem Moment an beginne, aus dem Verständnis des Wesens der von ihr erlebten Einweihung und ihrer Impulse auf der Erde zu handeln. Obwohl dieses Einweihungserlebnis erst nach dem Tode Rudolf Steiners stattfand, so hatte sie die Veranlagung dazu bereits zu seinen Lebzeiten als der inneren Grundlage ihrer beider Beziehung.

Was Albert Steffen betrifft, so gibt es zahlreiche Beispiele für seine übersinnlichen Erlebnisse, und es genügt eines anzuführen, das während seines Erlebens des «Sakraments der Menschenweihehandlung» bei der Begründung der Christengemeinschaft am 16. September 1922 im Weißen Saal des ersten Goetheanum stattfand. In seinem Tagebuch beschrieb Albert Steffen dieses Erlebnis: «Heute fand die erste, auf der Erde aus dem Geist heraus vollzogene Menschenweihehandlung statt, wobei der Auferstandene Christus zugegen war ... Ich darf sagen, daß Christus dabei war, denn ich schaute, als das Wort von Brot und Wein gesprochen wurde, seinen auferstandenen Lichtes-Lebens-Leib. Es ist das erste Mal, daß ich Christus als Wesen vor mir sah.»[67]

So sollten diese drei Individualitäten im nächsten Umkreis Rudolf Steiners die drei Hauptrichtungen aller wahren Mysterien repräsentieren als Grundlage für einen neuen, diese Mysterien selber erneuernden Impuls, der von Rudolf Steiner gegeben worden war.

Magie	– M. Steiner	– Denken im Wollen	– Fühlen an der Peripherie
Einweihung	– I. Wegman	– Wollen im Fühlen	– Denken an der Peripherie
Hellsichtigkeit	– A. Steffen	– Fühlen im Denken	– Wollen an der Peripherie

Dieser Zusammenhang kann auch in einem Schema zusammengefaßt werden.

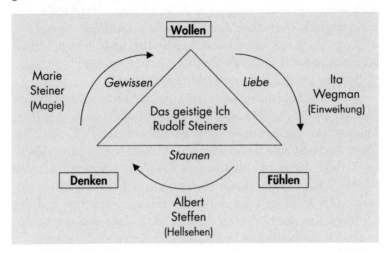

Nur durch diese außerordentliche Konstellation seelischer Kräfte hätte im Falle eines harmonischen Zusammenwirkens und Zusammenarbeitens dieser drei hervorragenden und sich gleichzeitig polar gegenüberstehenden Individualitäten ein in seiner Art einzigartiges geistig-seelisches Gefäß für die Aufnahme von Inspirationen durch das geistige Ich Rudolf Steiners sogar noch nach seinem physischen Tod gebildet werden können.

Dabei sollte diese Arbeit des inneren Kreises noch durch die beiden anderen Vorstandspersönlichkeiten, Elisabeth Vreede und Guenther Wachsmuth (sowie möglicherweise durch eine weitere Person, die aber nicht genannt worden war[68]), nach außen hin erweitert werden, um auch die exoterische Leitung der Anthroposophischen Gesellschaft zu gewährleisten.

Der gegenwärtige Weg zu Rudolf Steiner

Aus dem dargestellten Zusammenhang folgt, daß der Gründungsvorstand als Urbild einer neuen, esoterischen Gemeinschaft – fähig gemeinsam mit Rudolf Steiner zu wirken, unabhängig davon, ob er auf der Erde in einer neuen Verkörperung oder in der geistigen Welt weilt – gebildet worden war. Wenn dieser Vorstand selber auch tragischerweise die Aufgabe nicht zu erfüllen vermochte, so bleibt doch das von Rudolf Steiner zugrunde gelegte Urbild bis heute in Kraft, wenn die Anthroposophen es aus ihrem freien Willen nur auf der Erde verwirklichen wollen.[69]

Anders ausgedrückt, auch heute können die Schüler Rudolf Steiners die beschriebenen drei Hüllen für die Handlungen ihres Lehrers aus der geistigen Welt heraus auf der Erde schaffen. Denn das von Christus der gesamten Menschheit gegebene höchste Urbild dieser okkult-sozialen Tätigkeit bewahrt nach den Worten Rudolf Steiners seine Kraft bis zum Ende der Erdenevolution, das heißt, es kann durch das geistige Verstehen und den Opfer-Willen der zu ihm strebenden Menschen in seiner mikrokosmisch-menschlichen Form jederzeit verwirklicht werden.

Wenn wir die beschriebenen geistig-seelischen Hüllen für das Ich Rudolf Steiners bilden, begeben wir uns auf einen Weg, der zum Erleben seiner Individualität in unserer Zeit führt. Das ist ein realer Weg zur geistigen Individualität Rudolf Steiners. Und gleichzeitig ist es ein moderner Weg zu Christus, denn Christi Worte «Was ihr getan habt einem unter diesen meinen geringsten Brüdern, das habt ihr mir getan.» (Matth. 25,40) erlangen ihre volle Bedeutung, wenn von einem wahren christlichen Eingeweihten die Rede ist, der Träger eines Abdrucks des Christus-Ich ist und somit auch ein menschlicher Vertreter des Christus-Impulses auf der Erde.[70]

So können auf mikrokosmischer Ebene die Anthroposophen schon heute lernen, bewußt an dem zu arbeiten, was zum Ende der Erdenentwicklung in der ganzen Menschheit als vollständiges Durchdrungensein mit dem Christus-Impuls verwirklicht sein wird.

Aus dem Russischen von Dr. Nikolaus Heidorn

II

Das Mysterium der Grundsteinlegung

1. Die Grundsteinlegung 1923 als Mysteriengeschehen[71]

Das Wesen des Christentums

In seinen Darstellungen der esoterischen Grundlagen des Christentums betont Rudolf Steiner immer wieder, daß dessen Wesen nicht in der Offenbarung einer neuen Weisheit, sondern in einer einzigen schöpferischen Tat, die alle Verhältnisse in der irdischen und geistigen Welt veränderte, besteht. Es ist dies das Mysterium von Golgatha: «Ein Geborenwerden eines neuen Gliedes der menschlichen Natur: eines unverweslichen Leibes» (GA 131, 11. 10. 1911).

An der Zeitenwende brachte Apostel Paulus diese Grundwahrheit des Christentums am radikalsten zum Ausdruck in den bekannten Worten: «Ist aber Christus nicht auferstanden, so ist unsere Predigt vergeblich, so ist auch euer Glaube vergeblich» (1. Kor. 15,14). Damit ist zugleich auf das hingewiesen, was das Christentum von allen anderen Weltreligionen, die ausnahmslos Religionen der Weisheit sind, unterscheidet: Das Christentum ist von Anfang an eine Tatsache der Weltgeschichte, der eine einmalige Tat von weltumfassender Bedeutung zu Grunde liegt. Diese Tat stellt auch den Quell aller neuen, schöpferischen Kräfte im Universum dar. Deshalb kann Rudolf Steiner sagen, das Christentum beginnt als eine Religion, ist seinem Wesen nach aber größer als jede Religion. Es übersteigt das religiöse Prinzip als solches bei weitem, denn «das Christentum ist noch größer als das religiöse Prinzip selbst» (GA 102, 24. 3. 1908).

Das hat zur Folge, daß jeder wahre christliche Eingeweihte, will er an den Kräftequell des Mysteriums von Golgatha anknüpfen, nicht allein neue Erkenntnisse über das Wesen desselben mitteilen wird, sondern vor allem selber daraus schöpferisch werden muß. Und weil das Mysterium von Golgatha als höchste schöpferische Tat gleichermaßen in beiden Welten, der sinnlichen und der übersinnlichen, geschah, wird solch ein Eingeweihter aus diesem Quell auch in beiden Welten tätig.

Die Grundsteinlegung: Eine Tat aus Freiheit und Liebe

Das Gesagte macht verständlich, warum Anthroposophie von Anfang an nicht nur eine Theorie geblieben ist, sondern in zunehmendem Maße auf den verschiedensten Gebieten des Lebens praktische Früchte zeitigte, vor allem in Wissenschaft, Kunst, sozialer Gestaltung und Religion. Diese praktischen Früchte der Anthroposophie liegen heute offen vor der Welt da, führten und führen weiterhin zu zahlreichen Erneuerungsinitiativen innerhalb der gegenwärtigen Zivilisation.

Viel geheimnisvoller aber, weil äußerlich nicht unmittelbar zu bemerken, bleiben die schöpferischen Taten eines christlichen Eingeweihten, die dieser aus dem Quell des Mysteriums von Golgatha in der geistigen Welt vollzieht. Daher können wir heute nur ahnen, wie umfangreich eine solche, rein geistige Tätigkeit Rudolf Steiners in Wirklichkeit war. Und wenn schon seine irdisch sichtbaren Taten, vor allem gegen Ende seines Lebens, ein Ausmaß annahmen, welches das Menschenmögliche fast überstieg, so bleibt die Frage bestehen, wie umfassend und bedeutend seine geistigen Taten, die er jenseits der Schwelle zur geistigen Welt ausführte, nicht allein für die Welt der Menschen, sondern auch für die Welt der Hierarchien, sein mögen.

An einer Stelle seiner übersinnlichen Tätigkeit können wir eine solche geistige Tat schon mit unserem gewöhnlichen Bewußtsein wahrnehmen und uns sogar freiwillig an ihr beteiligen. Diese schöpferische Tat bildet den esoterischen Kern der Weihnachtstagung 1923/1924 und wird in der Programmankündigung für den Morgen des 25. Dezember 1923 als «Grundsteinlegung der Allgemeinen Anthroposophischen Gesellschaft durch Dr. Rudolf Steiner» bezeichnet.

Die Ansprache, die er bei dieser Gelegenheit hielt, ist uns im Stenogramm erhalten geblieben. Wird man mit ihrem Inhalt anfänglich bekannt, so könnte man zunächst denken, dies war eine esoterische Stunde, die Rudolf Steiner den Mitgliedern der neu begründeten Anthroposophischen Gesellschaft als ihre esoterische Grundlage gab. Bei genauerem Betrachten dieses kurzen Textes wird man jedoch sehr bald bemerken, er beinhaltet noch sehr viel mehr als das. Denn eine esoterische Stunde besteht primär in der Vermittlung geistiger Weisheit, die der Eingeweihte allerdings in einer Form gibt, die auf ganz besondere Art zur inneren Veränderung des sie aufnehmenden Menschen führt.

Auch bei der Grundsteinlegung beginnt Rudolf Steiner mit einer solchen Vermittlung von Weisheit, indem er vor allem auf eines seiner größten geisteswissenschaftlichen Forschungsresultate hinweist, die wahrhaftig eine neue Epoche des geistgemäßen Erkennens der menschlichen Wesenheit eröffnete. Es besteht in der Entdeckung des Urbilds des geistig-seelisch-leiblichen Menschen und zeigt, wie diese geistig-seelischen Kräfte und Prozesse in der irdischen Welt in den drei Systemen seines physischen Leibes in Erscheinung treten.

Auf dieser Erkenntnisgrundlage geht Rudolf Steiner nun jedoch einen entscheidenden Schritt weiter. Und so beginnt er, von einem bestimmten Moment seiner Ansprache an, in schlichten irdischen Worten zu beschreiben, was er selber in der an die Erde angrenzenden geistigen Welt als eine geistige *Tat* zugleich vollzieht. Das ist die Erschaffung des übersinnlichen Grundsteins, den er auch «dodekaedrischen Liebesgrundstein» nennt. Dessen Erschaffen ist die freieste und individuellste Schöpfertat aus der Ich-Kraft Rudolf Steiners, die ihrem Wesen nach seine unmittelbare Beziehung – als des führenden Eingeweihten unserer Zeit – zum Mysterium von Golgatha ausweist. Denn durch nichts anderes brachte Rudolf Steiner seine intensivste Beziehung zu ihm stärker in Erscheinung als durch diese freie, schöpferische Handlung.

So, wie Christus als der Einzige auf der Erde in Menschengestalt erschienene Gott Seine Opfertat auf Golgatha in voller Freiheit, weil aus der höchsten Liebe, vollbrachte, so muß auch jeder Mensch, der ihm folgen will, früher oder später aus diesen beiden Kräften, Freiheit und Liebe, in der Welt tätig werden. Denn das Ziel der Erde besteht im Hervorbringen der neuen Menschheit als zehnter Hierarchie, die einmal aus Freiheit und Liebe im Kosmos schaffend werden wird. Um für diese Zukunft die Grundlage zu legen und zugleich ein Vorbild zu schaffen, vollzog Christus seine zentrale Tat auf der Erde aus diesen beiden Kräften. «Ein Gott, der die Tat aus freiem Willen – das heißt aus Liebe – vollbracht hat, damit die Erde und die Menschheit an ihr Ziel kommen können» (GA 131, 14.10.1911).

Diesem Vorbild folgend, kann heute der christliche Eingeweihte, der in sich sein Ich zur vollen Freiheit und Reife gebracht hat, eine ähnliche Tat vollziehen. Anders ausgedrückt, was Christus an der Zeitenwende makrokosmisch vollbrachte, kann seit dem Beginn der Bewußtseinsseelenepoche auch vom Menschen auf mikrokosmischer Ebene durchgeführt werden. Und als ein solcher Schritt kann die Erschaffung des Grundsteins bei der Weihnachtstagung angesehen werden. Nur auf diesem Hintergrund kann diese Schöpfertat Rudolf Steiners überhaupt verstanden werden als der ersten menschlichen Schöpfung aus den Kräften der zehnten Hierarchie. Deshalb ist die Frucht dieser *freien* Tat – der Grundstein der *Liebe*.

Aus dieser unmittelbaren Anknüpfung an das Mysterium von Golgatha folgte der Erschaffung des Grundsteins noch eine weitere Tat. Schon im gleichen Moment als dessen Erschaffung abgeschlossen war, übergab Rudolf Steiner diese seine höchste Schöpfung den Mitgliedern der neu begründeten Anthroposophischen Gesellschaft. Mit Hilfe der Geisteswissenschaft können wir uns diesen Prozeß so vorstellen, daß der geistige Grundstein schon im Prozeß seines Entstehens die Möglichkeit in sich barg, nach den Gesetzen der spirituellen Ökonomie vervielfältigt zu werden, so daß jedes Mitglied eine Möglichkeit bekam, ein geistiges Abbild desselben in den Boden seines Herzens freiwillig einzupflanzen.

Mit dieser «Vermehrung» der Substanz des Grundsteins

knüpfte Rudolf Steiner unmittelbar an das Ereignis an, welches an der Zeitenwende dem Mysterium von Golgatha voranging: Die Verteilung von Brot und Wein an die Jünger Christi beim Abendmahl. Nur geschah die Tat Rudolf Steiners – weil bereits nach dem Mysterium von Golgatha – in einer ganz anderen Form, und zwar so, daß sie der heutigen Zeit und dem gegenwärtigen Entwicklungsstand der Menschheit voll entspricht. Ein neues, rein spirituelles Abendmahl, an dem jeder Mensch nur aus voller Freiheit teilnehmen darf, wurde gestiftet. Wie die Teilnahme an diesem rein geistigen Abendmahl zu einer wahren geistigen Kommunion führen kann, wurde von mir bereits an anderer Stelle ausführlich dargestellt.[72]

Die Begründung einer neuen Menschengemeinschaft

In dem beschriebenen Prozeß ist von entscheidender Bedeutung, daß der Grundstein nach seiner spirituellen Einpflanzung in das Herz des Menschen nur dann weiterbestehen und gedeihen kann, wenn er als Grundlage einer neuen Menschengemeinschaft aufgefaßt und verwirklicht wird. Darauf weist Rudolf Steiner bei der Grundsteinlegung in folgenden Worten hin: «[So] wollen wir in diesem Augenblicke in unseren Seelen den dodekaedrischen Grundstein formen, den wir in den Boden unserer Seelen senken, damit er da sei zum starken Zeichen in den kräftigen Gründen unseres Seelenseins, und wir in der Zukunft des Wirkens der Anthroposophischen Gesellschaft auf diesem festen Grundstein stehen können» (GA 260, 25. 12. 1923).

Somit wurde zum ersten Mal in der Epoche der Bewußtseinsseele eine grundsätzlich neue Gemeinschaft auf der Erde begründet, deren Wesen in der sozialen Verwirklichung des Wortes liegt: «Mein Reich ist nicht von dieser Welt» (Joh. 18,36). Dieses Wort des Christus kommentiert Rudolf Steiner folgendermaßen: «Das Reich des Christus-Jesus ist nicht von dieser Welt, aber es muß wirken in dieser Welt, und die Menschenseelen müssen die Werkzeuge des Reiches werden, das nicht von dieser Welt ist»

(GA 175, 6.2.1917). Die Verwirklichung dieses Zieles wird dann bedeuten, daß sich auf der Erde eine Menschengemeinschaft bildet, die einerseits ganz öffentlich, das heißt voll in die gegenwärtige Erdenzivilisation mit all ihren Nöten und Fragen integriert ist, zugleich aber ihre geistigen Wurzeln und ihre esoterische Grundlage in etwas hat, was nicht von dieser Welt, sondern unmittelbar aus dem Reiche des Christus, das Er inmitten dieser Welt erbauen will, stammt. Und diese Grundlage ist in unserem Falle der übersinnliche Grundstein.

In diesem Sinne konstituierte Rudolf Steiner die Allgemeine Anthroposophische Gesellschaft und gab ihr eine ganz neue und einmalige Aufgabe: «Wir müssen uns klar sein darüber, daß gerade unserer Gesellschaft die Aufgabe zufallen wird, die denkbar größte Öffentlichkeit zu verbinden mit echter, wahrer Esoterik» (GA 260, 26.12.1923). Im Sinne dieser Aufgabenstellung gehört zum Öffentlichkeitscharakter der Anthroposophischen Gesellschaft ihr volles Integriertsein in die heutige Zivilisation (bis zur handelsregisterlichen Eintragung), und zu der in ihr gepflegten Esoterik gehört unter anderem auch das gemeinsame Stehen auf dem übersinnlichen Grundstein, der aus den Kräften geschaffen wurde, die dem Reiche des Christus entstammen.

«Und das Licht scheinet in die Finsternis»

Im Herzen eines Menschen wird der Grundstein zum Quell einer neuen, inneren Kraft, die sich in zwei Qualitäten offenbart: in geistigem Licht und geistiger Wärme. Diese wurden während der Grundsteinlegung von Rudolf Steiner mit dem makrokosmischen Licht und der makrokosmischen Wärme, die an der Zeitenwende durch Christus in die Menschheitsentwicklung eingezogen waren, durchdrungen und damit so erkraftet, daß die Menschen sie von da an in die Außenwelt, und das heißt auch in die Finsternis der heutigen Zivilisation, als das neue Licht tragen können. Bei der Grundsteinlegung selbst beschreibt Rudolf Steiner diesen Prozeß in folgenden Worten: «Und wir können am besten erkraften jene Seelenwärme und jenes Seelenlicht, die wir brauchen, wenn wir sie beleben mit jener Wärme und mit jenem Lichte, das in der Zeiten-Wende erstrahlet hat als das Christus-Licht in der Welten-Finsternis.» So daß «diese vor zwei Jahrtausenden stattgefundene Urweihenacht ... uns helfe, wenn wir hinaustragen wollen in die Welt dasjenige, was uns entgegenglänzt durch das Gedanken-Licht des ... dodekaedrischen Liebesgrundsteins».

Damit knüpft Rudolf Steiner an das dritte Motiv der Zeitenwende, das im Prolog des Johannes-Evangeliums beschrieben ist, an: «Und das Licht scheinet in der Finsternis, und die Finsternisse haben es nicht begriffen» (1,5). So ist bis heute die Situation der Anthroposophischen Gesellschaft inmitten der gegenwärtigen Zivilisation, welche am Vorabend der bevorstehenden Inkarnation Ahrimans immer mehr von Finsternis erfüllt wird und folglich immer weniger das Licht der Anthroposophie verstehen, geschweige denn aufnehmen kann.

Und doch gehört zu den zentralen Aufgaben der Anthroposophischen Gesellschaft, trotz aller Widerstände und Schwierigkeiten, dieses «Gedanken-Licht» der Geisterkenntnis in die Finsternisse der heutigen Zivilisation mutig hineinzutragen. Dies wird aber nur dann richtig gelingen, wenn die Mitglieder der Anthroposophischen Gesellschaft die esoterischen Wurzeln derselben nicht vergessen, sondern unerschütterlich fest auf dem ihr anvertrauten geistigen Grundstein, der zum Reiche des Christus gehört, stehen und ihre ganze Arbeit in der Welt darauf gründen werden.

Das Geheimnis der Weihnachtstagung

Zusammenfassend kann man sagen, Rudolf Steiner knüpft in diesen drei Stufen an die drei erwähnten Ereignisse der Zeitenwende an. Da diese Anknüpfung jedoch in der geistigen Welt stattfindet, wo die Zeit in der entgegengesetzten Richtung verläuft, übernimmt Rudolf Steiner diese umgekehrte Reihenfolge auch für sein eigenes Tun. Zuerst knüpft er an das Mysterium von Golgatha an dann aus dem Quell von dessen Kräften an das Abendmahl und zum Schluß an das Erscheinen des Christus-Lichtes in den Finsternissen unserer Erde, das sich in unserer Zeit in Form seiner ätherischen Wiederkunft offenbart.

Diesem dreifachen Schritt: Vom *Wort*, das als Welten-Wort durch das Mysterium von Golgatha hindurchgeht, zum *Leben*, das beim Abendmahl den Menschen gespendet wird, zum *Licht*, das in jede gegenwärtige Finsternis hineinleuchtet, entsprechen bei der Weihnachtstagung die drei Stufen der Grundsteinlegung: Das Erschaffen des Grundsteins, die Übergabe seiner Abbilder an die Mitglieder der Anthroposophischen Gesellschaft und die daraus folgende Aufgabe, sein Gedankenlicht in die Finsternisse der gegenwärtigen Zivilisation hineinzutragen.

Das hier Dargestellte ist ein weiterer Versuch, dem Hauptgeheimnis der Weihnachtstagung näherzukommen, das in dem liegt, was Rudolf Steiner mit den Worten «Welten-Zeitenwende-Anfang» bezeichnete. Denn so, wie er an der Weihnachtstagung unmittelbar an die Ur-Weihenacht und damit im esoterischen Sinne an das Mysterium von Golgatha anknüpfte, so können wir heute unsererseits aus voller Freiheit an seine Liebestat anknüpfen, um im Strom der neuen Mysterien, die an der Zeitenwende ihren Ursprung haben und durch die Weihnachtstagung in das Bewußtsein der modernen Menschen eintreten konnten, weiterzuwirken.

2. Die neue Menschengemeinschaft

Der Tempel der Menschheit

Der geistige Prozeß der Anknüpfung an die Ereignisse der Zeitenwende, der bei der Grundsteinlegung am 25. Dezember 1923 vollzogen wurde, hatte für das Leben der Anthroposophischen Gesellschaft noch weitere Folgen, die Rudolf Steiner am letzten Tag der Weihnachtstagung so charakterisierte: «Den Grundstein haben wir hier gelegt. Auf diesem Grundstein soll das Gebäude errichtet werden, dessen einzelne Steine sein werden die Arbeiten, die in allen unseren Gruppen nun von den einzelnen draußen in der weiten Welt geleistet werden» (GA 260, 1.1.1924).

Bei diesen Worten muß noch berücksichtigt werden, daß Rudolf Steiner unter den «Gruppen» der Allgemeinen Anthroposophischen Gesellschaft alle in ihr entstehenden Menschenvereinigungen verstand: Von den Arbeitsgruppen zu den einzelnen Zweigen und zu den Landesgesellschaften. Aus dieser vielfältigen spirituellen Arbeit innerhalb der Anthroposophischen Gesellschaft in der Welt muß allmählich ein geistiges «Gebäude» entstehen, das seine Wurzeln und sein Fundament in dem übersinnlichen Liebes-Grundstein hat.

Damit knüpfte Rudolf Steiner auf eine neue Art an etwas an, was er bereits durch die Jahre der Entwicklung der anthroposophischen Bewegung zu verwirklichen trachtete, und was zugleich in der wahren rosenkreuzerischen Esoterik als ein hehres Ideal angesehen wurde. Auf dieses Geheimnis weist Rudolf Steiner bei der Einweihung des Christian-Rosenkreutz-Zweiges in Neuchâtel hin. Beide dort gehaltenen Vorträge schließt er mit den Worten: «So möge denn der Zweig einer der Bausteine sein zu dem Tempel, den wir aufbauen möchten» (GA 130, 28.9.1911).

Was Rudolf Steiner hier, noch im Wortgebrauch der rosenkreuzerischen Tradition, als Tempel bezeichnet, nennt er bei der

Weihnachtstagung auf modernere Weise Gebäude. Die dahinter stehende Wirklichkeit ist aber dieselbe. Seitdem hat jedes Mitglied der Anthroposophischen Gesellschaft, das den Grundstein als ihr Fundament in den Boden seines Herzens gelegt hat, die Möglichkeit, am Bau des geistigen Tempels mitzuarbeiten, dessen Entstehen Rudolf Steiner in der an die Erde angrenzenden geistigen Welt veranlagt hat.

Daß jeder Eingeweihte, der eine bestimmte Stufe der Einweihung erreicht hat, in der geistigen Welt einen Tempel erbaut, wurde von mir schon an anderer Stelle ausführlich beschrieben.[73] Hier ist es wichtig zu bemerken, daß in den Mysteriendramen das Erbauen eines solchen geistigen Tempels durch Benediktus genau beschrieben sowie auch darauf hingewiesen wird, daß dieser neue Tempel den alten Rosenkreuzer-Tempel ersetzen muß. Im ersten Mysteriendrama bezeichnet Benediktus deshalb die von ihm erbaute übersinnliche «Weihestätte» als «meinen Tempel» (GA 14, Seite 133).

Die Grundsteinlegung als Einweihungsweg

Um zu verstehen, für wen dieser Tempel erbaut wird, muß man noch das Folgende berücksichtigen. Betrachten wir das eso terische Geschehen der Weihnachtstagung vom Gesichtspunkt des modernen Einweihungsweges, so können wir nicht nur in ihren sieben Rhythmen, sondern auch bei der Grundsteinlegung selber, alle sieben Grundstufen desselben, so wie sie in der «Geheimwissenschaft im Umriß» beschrieben sind, finden.[74] Hier wollen wir darauf noch von einem etwas anderen Gesichtspunkt eingehen.

Wie bereits erwähnt, beginnt Rudolf Steiner im Sinne des modernen Einweihungsweges den Prozeß der Grundsteinlegung mit der Stufe des «Studiums», und das heißt hier, der Mitteilung seiner geisteswissenschaftlichen Forschungsergebnisse über die drei Systeme des physischen Leibes in ihrer Verbindung mit der geistig-seelischen Beschaffenheit des Menschen. Auf dieser

Erkenntnisgrundlage kann dann die Erschaffung des Grundsteins aus dem Makrokosmos stattfinden.

Schauen wir nun auf das Wesen des Grundsteins selber, dann fällt auf, daß er zunächst «vor unserem Seelenauge» in *imaginativer* Form erscheint. Deshalb nennt Rudolf Steiner ihn auch «imaginatives Liebesgebilde». Das heißt, wenn man ihn richtig schauen möchte, muß man die imaginative Erkenntnisstufe erreicht haben.

Das ganze Geschehen wird eingeführt und weitergeleitet durch die mantrischen Worte des Grundsteinspruchs, von denen Rudolf Steiner in der Einführung zum ersten Rhythmus sagt, daß sie nicht nur «mit dem Willen der geistigen Welt ... gesprochen», sondern «aus dem Welten-Worte heraus gehörte Sprüche» sind. In der geistigen Welt geschieht die Offenbarung des Welten-Wortes zunächst in inspirativer Form. Deshalb muß, wenn wir zu den geistigen Quellen des Grundsteinspruches durchdringen wollen, auf den Schulungsweg die zweite, die Inspirationsstufe, erreicht werden.

Das Gesagte läßt sich auch umgekehrt beschreiben: Die Beschäftigung mit dem Grundstein kann uns in die imaginative Welt führen und die mantrischen Worte des Grundsteinspruchs leiten in das inspirative Gebiet hinein. Man kann auch sagen, der Inhalt des Grundsteinspruchs beschreibt, was einmal der Seele in der geistigen Welt offenbar werden wird, wenn sie den Grundstein in den Boden des Herzens gelegt und mit Hilfe des Spruches an ihm gearbeitet hat. Und das ist nicht weniger als die ganze Anthroposophie, welche in ihren wesentlichsten Zügen in diesem Spruch zusammengefaßt ist.[75]

Diesen Weg weiter verfolgend, können wir die dritte, intuitive Stufe der höheren Erkenntnis bei der Grundsteinlegung auf ganz besondere Art entdecken. In seinen allgemeinen Beschreibungen des modernen Schulungsweges weist Rudolf Steiner vielfach darauf hin, daß auf der imaginativen Stufe die Wesenheiten der geistigen Welt sich vor allem im Bilde offenbaren, auf der inspirativen Stufe werden dem Geistesschüler ihre Taten zugänglich und auf der höchsten, intuitiven Stufe erlebt er die Wesenheiten unmittelbar, er kann ihnen sozusagen von Angesicht zu Angesicht begegnen. Das heißt, auf dieser dritten Stufe geht es immer um die Begegnung und den Verkehr mit den Wesen selbst.

In diesem Sinne kann man erwarten, daß auch bei der Grundsteinlegung ein solches Wesen der geistigen Welt erscheint und direkt angesprochen wird. Und das ist tatsächlich der Fall. Die Wesenheit, die hinter der Geisteswissenschaft steht und ihr inneres Wesen ausmacht, wird bei der Grundsteinlegung bei ihrem Namen genannt. Denn statt der gewöhnlichen Bezeichnung «Anthroposophie» benutzt Rudolf Steiner in seiner Ansprache zweimal ihren esoterischen Namen und spricht sie somit als ein konkretes Wesen der geistigen Welt an: «Anthroposophia».

Das Wesen Anthroposophia und die Weihnachtstagung

Diese direkte Hinwendung zu dem Wesen Anthroposophia hatte auch eine Vorgeschichte, die sich über die zweite Hälfte des Jahres 1923 erstreckt, welche esoterisch betrachtet der inneren Vorbereitung der Weihnachtstagung gewidmet war. So hielt Rudolf Steiner im Juni in Dornach einen Zyklus von acht Vorträgen mit dem bezeichnenden Titel: «Die Geschichte und die Bedingungen der anthroposophischen Bewegung im Verhältnis zur Anthroposophischen Gesellschaft. Eine Anregung zur Selbstbesinnung». In seinem vorletzten Vortrag weist er die Mitglieder zum ersten Male darauf hin, daß Anthroposophie «als ein selbständiges Wesen angesehen werden muß», das wie «ein unsichtbarer Mensch ... unter sichtbaren Menschen herumgeht,... dem gegenüber man ... die denkbar größte Verantwortung hat» und «den man befragen muß bei den einzelnen Handlungen des Lebens, was er dazu sagt» (GA 258, 16.6.1923).

Die hier angedeuteten drei Stufen:
– Die Anthroposophie als übersinnliches Wesen zu betrachten,
– ihr gegenüber die höchste Verantwortung zu empfinden und

– sie bei einzelnen Handlungen zu befragen, was sie dazu sagt,
  zählt Rudolf Steiner zu den wichtigsten «Lebensbedingungen» (ebd.) der Anthroposophischen Gesellschaft.

Und wie wichtig für Rudolf Steiner das Gesagte war, folgt aus
den Worten, die er am Ende des Zyklus aussprach: «Eine anthroposophische Bewegung kann nur in einer anthroposophischen
Gesellschaft leben, die eine Realität ist». Und direkt danach wies
er darauf hin, was diese «Realität» bedeutet: «Da müssen dann
aber die Dinge mit wirklich großem Ernste genommen werden.
Da muß man in jedem Augenblicke seines Lebens fühlen, daß man
mit der unsichtbaren Wesenheit der Anthroposophie verbunden
ist» (17. 6. 1923). Im Sinne der Bezeichnung dieses Zyklus wird
hiermit die entscheidende Bedingung der anthroposophischen
Bewegung in ihrem Verhältnis zur Anthroposophischen Gesell-
schaft, welche aus echter Selbstbesinnung hervorgeht, genannt.
   Der zweite große Schritt auf diesem Wege findet bei der
Begründung der holländischen Landesgesellschaft in Den Haag
im November des gleichen Jahres statt. Zu diesem Ereignis hält
Rudolf Steiner einen Zyklus aus fünf Vorträgen mit dem Titel
«Der übersinnliche Mensch anthroposophisch erfaßt». Bedenkt
man nun, daß Rudolf Steiner im oben erwähnten Dornacher
Vortrag die Wesenheit Anthroposophie selber als «unsichtbaren
Menschen», das heißt auch übersinnlichen, bezeichnet, braucht
man sich nicht zu wundern, wenn er am Schluß des letzten Vortrags nochmals direkt auf sie zu sprechen kommt und beschreibt,
wie sie als «lebendiges Weltenwesen … an die Pforte unseres Herzens klopft … und sagt: Laß mich ein, denn ich bin Du selbst; ich
bin deine wahre Wesenheit!» (GA 231, 18. 11. 1923).
Vergleicht man diese Worte mit denen, die zuvor in Dornach ausgesprochen wurden, dann sieht man ganz klar, wie im ersten Fall
die Wesenheit Anthroposophie sich noch weitgehend außerhalb
des Menschen befand, so daß er ihr gegenüber eine mehr äußere
Beziehung aufgrund der inneren Verantwortung und der an sie
gerichteten Fragen pflegen sollte. Jetzt, in den Haager Ausfüh-

rungen, kommt diese Wesenheit als ein Abbild des Menschen selbst ihm schon viel näher und bittet an der Pforte seines Herzens ihn um Einlaß.

Der dritte Schritt findet dann bei der Grundsteinlegung statt, wo sie endgültig in das Herz des Menschen einziehen kann und deshalb zum ersten Male mit ihrem geistigen Namen *Anthroposophia* genannt wird. Und nun hebt Rudolf Steiner für den Menschen die Notwendigkeit der «Durchlebung seines Herzens mit Anthroposophia» hervor. Mit anderen Worten, es geht hier schon um die Folgen ihres Eintretens in das Herz des Menschen, die in seiner inneren Belebung bestehen. Denn das Herz muß zuerst von Anthroposophia belebt werden, bevor der Mensch den übersinnlichen Grundstein in seinen Boden einpflanzen kann.

Der hier bestehende unmittelbare Zusammenhang wird aus dem Folgenden ersichtlich. In Den Haag erwähnt Rudolf Steiner: Das Einlassen der Anthroposophie in das Menschenherz «bringt» uns «durch das, was sie selber ist, wahre Menschenliebe». Und aus der Substanz solcher Liebe besteht auch ein Teil des Grundsteins der Weihnachtstagung. Oder anders ausgedrückt: Nur der Mensch, der durch seine Herzensverbindung mit der Wesenheit Anthroposophia die Menschenliebe in seinem Herzen den anderen Mitgliedern der Gesellschaft gegenüber entfachen kann, ist fähig, den Grundstein der Liebe in sein Herz aufzunehmen. Deshalb sagt Rudolf Steiner bei der Grundsteinlegung: «Und der rechte Boden, in den wir den heutigen Grundstein hineinverlegen müssen, der rechte Boden, das sind unsere Herzen in ihrem harmonischen Zusammenwirken, in ihrem guten, von Liebe durchdrungenen Willen, gemeinsam das anthroposophische Wollen durch die Welt zu tragen». Damit ist zugleich auf die Grundlage und das Ziel der Anthroposophischen Gesellschaft, soweit sie auf dem Grundstein fußt, hingewiesen.

Daß die Wesenheit Anthroposophie aus der geistigen Welt unmittelbar und aktiv bei der Weihnachtstagung mitwirkte, ist auch aus dem Hinweis Rudolf Steiners ersichtlich, *wer* es eigentlich war, der durch alle Tage die Anwesenden mit dem dreifachen

Ruf «Menschenseele!» immer wieder ansprach. In der Einleitung zum ersten Rhythmus sagt Rudolf Steiner, daß dieser Ruf von der «von sich selbst angerufenen Menschenseele» ausgeht. Erinnern wir uns nun an die vorhergehenden Haager Ausführungen, wo die Wesenheit Anthroposophie über sich selbst sagt: «Ich bin Du selbst; ich bin deine wahre Menschenwesenheit», dann kann man den dreifachen Ruf des Grundsteinspruches als Ruf der «wahren Menschenwesenheit» im Menschen, die er zuvor in sein Herz hineingelassen hat, oder, was das gleiche ist, der Anthroposophia selbst, verstehen.

Die neue Menschengemeinschaft

Der dreistufige Prozeß des Aufnehmens der Wesenheit Anthroposophie in das Menschenherz ist ein innerer und ganz intimer Prozeß, den jeder Mensch selber und nur aus voller Freiheit vollziehen kann. Denn kein anderes Wesen außer seinem Ich kann Anthroposophia den Einlaß in sein Herz gewähren sowie die darauf folgende Einpflanzung des Grundsteins in dasselbe verwirklichen. Weil es aber bei der Weihnachtstagung um die Begründung einer neuen Menschengemeinschaft ging, wendete sich Rudolf Steiner am Ende der Grundsteinlegung noch einmal an diese übersinnliche Wesenheit und wies jetzt auf die zentrale esoterische Aufgabe der neu begründeten Anthroposophischen Gesellschaft. «Und höret es, meine lieben Freunde, also ertönen in Euren eigenen Herzen» – gemeint sind die Worte des Grundsteinspruches, die dreimal mit dem Ruf «Menschenseele!» beginnen – «dann werdet Ihr hier gründen eine wahre Vereinigung von Menschen für Anthroposophia».

Damit ist auch von der sozialen Seite her darauf hingewiesen, was es bedeutet, daß in der Anthroposophischen Gesellschaft bei voller Öffentlichkeit die wahre Esoterik gewährleistet sein mußte. Die Letztere besteht jedoch in der bewußten Zusammenarbeit der Menschen mit den geistigen Wesenheiten. Um dieses Ziel zu verwirklichen, wurde an der Weihnachtstagung die Allgemeine

Anthroposophische Gesellschaft begründet, damit ein sozialer Tempel oder ein soziales Gebäude für das Wesen Anthroposophia auf der Erde errichtet werde. Und diese Aufgabe wird im Grundsteinspruch mit dem dreifachen Ruf «Menschen mögen es hören!» besiegelt.

So wird auch hier der methodische Grundansatz der Anthroposophie sichtbar. Sie beginnt immer bei der Freiheit des einzelnen, erkennenden Menschen-Ich, um dann die Früchte der individuellen Entwicklung in einer Gemeinschaft von Menschen in Erscheinung und zu einer sozialen Wirksamkeit zu bringen, die auch für die Wesenheiten der geistigen Welt von Bedeutung sein kann.

Das Menschheitsideal und die Religion der Götter

In der Bibel wird berichtet, wie am Anfang der Erdenentwicklung die göttliche Sophia sich ein himmlisches Haus baute und in ihm sieben tragende Säulen errichtete. «Die Weisheit baute ihr Haus, und hieb sieben Säulen» (Sprüche Salomos 9,1). Diese Tat steht von Anbeginn in der geistigen Welt als Urbild für die siebengliedrige Menschheitsentwicklung. Bei der Weihnachtstagung hingegen wurde die Grundlage für das Gebäude gelegt, welches heute aus der menschlichen Freiheit entsteht kann und auf der Erde dieser Ur-Schöpfung der göttlichen Sophia entspricht.

So kann der Grundstein der Weihnachtstagung als geistiges Fundament für das seelisch-soziale Bauwerk einer neuen menschlichen Gemeinschaft verstanden werden, umhüllt von den Worten des Grundsteinspruches, die dieses höchste Ideal der Menschheitsentwicklung beschreiben. Und das ist nach Rudolf Steiner auch das letzte Ziel der Götterreligion in der geistigen Welt. «Den Göttern schwebte als das Ziel ihrer Schöpfung das Menschenideal vor, ... welches wirklich sich nicht so auslebt, wie jetzt der physische Mensch ist, sondern so, wie höchstes menschliches Seelen-Geistesleben in den vollkommen ausgebildeten Anlagen dieses physischen Menschen sich ausleben könnte

... Und wie am fernen Ufer des Götterseins schwebt für die Götter der Tempel, der als höchste künstlerische Götterleistung das Abbild des göttlichen Seins im Menschenbilde hinstellt» (GA 153, 10. 4. 1914). Diese «Götterreligion» nennt Rudolf Steiner weiter im gleichen Vortrag den «Menschheitstempel», das «hohe Menschheitsideal» und weist damit auf seine *soziale* Dimension hin. Deshalb sahen schon die alten Rosenkreuzer, deren innere Bestrebungen für unsere Zeit die Anthroposophen übernehmen und fortsetzen müssen, ihr geistiges und soziales Ziel in der Arbeit «am großen Tempel der Menschheit» (GA 93, 22. 5. 1905).

Es ist nicht schwierig, die Verbindung einer solchen Götterreligion mit dem Grundsteinspruch zu erkennen. In seiner dreifachen Vereinigung der mikrokosmischen und makrokosmischen Abschnitte beschreibt er, wie im Menschenwesen, bis in seine physisch-leibliche Erscheinung hinein, das seelisch-geistige Leben in der Zukunft mehr und mehr das Abbild des höchsten göttlichen Seins werden wird, und zwar nicht nur individuell im einzelnen Menschen, sondern auch sozial, die ganze Menschheit als zehnte Hierarchie umfassend.

Und den in der Bibel erwähnten sieben Säulen des himmlischen Hauses oder Tempels der Sophia entsprechen die sieben Rhythmen der Weihnachtstagung, welche den inneren Weg darstellen, auf dem der einzelne Mensch *und* die menschliche Gemeinschaft durch die Geisterkenntnis sich diesem hehren Ideal, das im Grundsteinspruch beschrieben ist, nähern können. So wie einmal die göttliche Sophia ihr himmlisches Haus für alle Menschen erbaute, so dürfen in unserer Zeit die miteinander sich frei in einer neuen Gemeinschaft vereinigenden Menschen durch ihr Zusammenwirken das seelisch-geistige Gebäude auf der Erde für ihre Botin, das Wesen Anthroposophia, errichten.[76] Das kann in unserer Zeit eine Antwort auf den Ruf dieses Wesens sein, der die ganze Weihnachtstagung durchzieht.

In dieser gewaltigen Perspektive dürfen wir den Mysterienimpuls der Weihnachtstagung auch in seinen sozialen Auswirkungen sehen. Die Ziele sind uns gezeigt und die Wege zu ihrer Verwirklichung geöffnet. Somit liegt die Zukunft des Weihnachtstagungsimpulses und mit ihm die der Anthroposophischen Gesellschaft in den Händen ihrer Mitglieder.

3. Der Geist des Goetheanum

Der esoterische Aufbau der Anthroposophischen Gesellschaft

Von Beginn seiner anthroposophischen Tätigkeit an, noch als Generalsekretär der im Herbst 1902 begründeten deutschen Sektion der Theosophischen Gesellschaft, bemühte sich Rudolf Steiner besonders um die Gestaltung der anthroposophischen Arbeit in Gruppen. Neben der Ausarbeitung des modernen, das heißt mit dem Zeitgeist verbundenen Schulungsweges[77], war dies seine wichtigste Tätigkeit in den Anfangsjahren der Entfaltung der anthroposophischen Bewegung.

Diese beiden Richtungen seiner Aktivität hatten eine tiefe Verbindung miteinander. Denn die Aufgabe des Schulungsweges besteht darin, daß er den Menschen zum Ergreifen seines höheren Ich führen muß. Je nach dem Karma des Menschen kann dieser Weg aber mehr als eine Inkarnation in Anspruch nehmen. Es gibt nun aber noch eine andere Möglichkeit, an das höhere Ich heranzutreten. Dies geschieht, wenn Menschen aus ihrem gemeinsamen Karma heraus miteinander geistig arbeiten. Ist das der Fall, dann können sie auf «indirekte» Weise etwas von ihrem höheren Ich erleben. «Nur indirekt erlebt der Mensch etwas von seinem [wirklichen] Ich, dann, wenn er mit andern Menschen in Beziehung tritt und sich das Karma abspielt. Wenn wir einem andern Menschen gegenübertreten und sich etwas abspielt zwischen uns und dem andern Menschen, was zu unserem Karma gehört, da tritt etwas von dem Impulse des wahren Ich in uns herein» (GA 187, 27.12.1918).[78]

Darin liegt der esoterische Grund dafür, daß die innere Entwicklung des Menschen heute unbedingt mit der Bildung von Menschengemeinschaften einhergehen muß. Deshalb begründete Rudolf Steiner auf seinen vielen Reisen, zuerst in Mitteleuropa und dann darüber hinaus, einzelne Zweige, in denen daraufhin das anthroposophische Weisheitsgut gemeinsam gepflegt wurde. Dann, vor allem im Jahr 1923, besuchte Rudolf Steiner mehrere europäische Länder, die Zweige im jeweiligen Land zusammenrufend, um auf diesem Fundament die Landesgesellschaften zu errichten.[79]

Daraufhin lud er zu Weihnachten 1923 alle Mitglieder und Vertreter der Gruppen (Zweige) sowie der Landesgesellschaften und ihre Vorstände nach Dornach ein, um dort gemeinsam die Weltgesellschaft mit dem Namen «Allgemeine Anthroposophische Gesellschaft» ins Leben zu rufen. Wie die Landesgesellschaften auf organische Art aus der gemeinsamen Arbeit und dem Zusammenschluß der einzelnen Gruppen herauswuchsen, so entstand die Weltgesellschaft aus dem Zusammenwirken und der gegenseitigen Befruchtung der verschiedenen Landesgesellschaften. Während der Weihnachtstagung wies Rudolf Steiner auf dieses organische Entstehen der Allgemeinen Anthroposophischen Gesellschaft aus der Verbindung der Landesgesellschaften mit folgenden Worten hin: «Es war von mir die Anregung gegeben worden, daß sich Landesgesellschaften begründen, auf deren Untergrunde man dann hier zu Weihnachten die Allgemeine Anthroposophische Gesellschaft begründen werde» (GA 260, 27.12.1923).

Auf diese Weise bemühte sich Rudolf Steiner von Anfang an, neben der Förderung der individuellen Entwicklung seiner Schüler im Sinne des Buches «Wie erlangt man Erkenntnisse der höheren Welten?», auch um die Gestaltung des sozialen «Gebäudes» (in früheren Vorträgen geistiger «Tempel» genannt) der Anthroposophischen Gesellschaft. Während der Weihnachtstagung sprach Rudolf Steiner in dieser Beziehung von dem «geistigen Goetheanum», welches von den Mitgliedern der neubegründeten Gesellschaft erbaut werden solle, «daß ein geistiges Goetheanum hier vor allen Dingen existieren muß, und zwar sobald als nur irgend möglich» GA 260, 31.12.1923). Denn neben den vielen Anregungen zur individuellen Entwicklung stellt Anthroposophie aus dem Wesen des gegenwärtigen Zeitgeistes heraus auch

Aufgaben, die nur *in gemeinsamer Arbeit* von einzelnen Menschengruppen erfüllt werden können. Und zu den wichtigsten solcher Aufgaben gehört dasjenige, was Rudolf Steiner so formulierte: «Die Menschen müssen mit den Göttern zusammenarbeiten, mit Michael selber» (GA 240, 19. 7. 1924). Wie bereits an anderem Ort von mir ausführlich dargestellt,[80] kann der soziale Aufbau der Anthroposophischen Gesellschaft vom esoterischen Gesichtspunkt aus folgendermaßen charakterisiert werden. In den Gruppen (Zweigen) besteht die Möglichkeit, im Sinne der angeführten Worte, eine immer bewußtere Zusammenarbeit mit der Hierarchie der Angeloi anzustreben. Es geht hier um das Herstellen einer bewußten Verbindung – im Sinne des umgekehrten Kultus[81] – mit einem Engelwesen, das dann für die betreffende Gruppe von Anthroposophen eine neue Gruppenseele werden kann.

Auf ähnliche Weise kann aus der Zusammenarbeit der verschiedenen Gruppen in einem Lande eine Landesgesellschaft entstehen, die als esoterische Aufgabe das Suchen nach einer bewußten Verbindung mit dem jeweiligen Volksgeist und, in weiterem Sinne, mit den neuen Gruppenseelen auf der Erzengelstufe hat. Denn in der gegenwärtigen Epoche der Freiheit können die Volksgeister nur mit Hilfe der Menschen ihre mannigfaltigen Aufgaben innerhalb der Menschheit erfüllen.

Schließlich wurde bei der Weihnachtstagung aus dem Zusammenschluß der verschiedenen Landesgesellschaften eine Weltgesellschaft begründet, zu deren wichtigen esoterischen Aufgaben es gehört, die Menschheit vor dem sie heute führenden michaelischen Zeitgeist zu vertreten sowie die Zusammenarbeit mit den weiteren Wesenheiten der Hierarchie der Archai, die in der geistigen Welt mit Michael verbunden sind, zu gewährleisten.

Damit umfaßt die an der Weihnachtstagung begründete Gesellschaft alle drei Wesensordnungen der dritten Hierarchie: Angeloi, Archangeloi und Archai, mit denen, als den führenden «Seelen-Geistern», der gegenwärtige Mensch lernen muß im Sinne Michaels zusammenzuarbeiten.

Nur wenn diese Aufgabe von den Mitgliedern der Anthroposophischen Gesellschaft bewußt ergriffen und weit genug erfüllt
wird, ist eine Spiritualisierung der gegenwärtigen Erdenkultur
überhaupt möglich.

Das geistige Goetheanum als Sozialgebilde

Schauen wir jetzt vom Gesichtspunkt des dreistufigen Aufbaus
der Gesellschaft auf das Wesen des ersten Goetheanum, so können wir bereits in ihm dieses geistige Bauprinzip wiederfinden.
In der regenbogenartigen Malerei der beiden Kuppeln entdecken
wir die Wirksamkeit der Engel, die auch Geister des Zwielichtes
genannt werden und die Aufgabe haben, an der Grenze zwischen
Licht und Finsternis die Pracht der Farben zu erzeugen und wie
aus einer Schale in die Welt zu ergießen. In einer anderen Form,
und noch bereichert durch die farbigen Schatten, geschah dies im
ersten Bau durch das Licht-Farbenspiel der Glasfenster.

In den Motiven der Architrave und vor allem der Kapitelle
des großen Saales tritt die schöpferische Tätigkeit der Erzengel in
Erscheinung. Deshalb konnte Rudolf Steiner die sieben Kapitell-
motive mit dem Wesen der verschiedenen Völker und somit auch
ihren Volksgeistern in Zusammenhang bringen.[82] Auch bewirkt
die größere Geisteskraft der Erzengel, daß sie gestaltend in die
Welt der lebendigen Formen eingreifen und in ihr die verschiedensten Metamorphosen hervorzurufen vermögen.

Dem Ganzen geben schließlich die Archai eine feste geistige
Grundlage, auf der das Goetheanum auch geistig als ein Sozialge-
bäude oder der neue Menschheitstempel stehen kann. Sie bringen
das Wesen des Baues in Verbindung mit der ganzen Menschheitsentwicklung. Bei seiner Grundsteinlegung am 20. September 1913
wies Rudolf Steiner in folgenden Worten darauf hin: «Versuchen
wir einen Augenblick daran zu denken … wie sich die Mission,
deren Wahrzeichen werden soll dieser Bau, einreihen wird der
großen Mission der Menschheit auf unserem Erdenplaneten»
(GA 245).

Das Fundament des ersten Goetheanum offenbart in seinem Grundriß durch das Ineinandergreifen zweier Kreise den gleichen Urgedanken. Er besteht in dem notwendigen Zusammenwirken von Mikrokosmos und Makrokosmos bzw. der Menschenwelt mit der Welt der Hierarchien. Dies ist aber nur möglich durch den Impuls, der aus dem Mysterium von Golgatha hervorging, und der dem Grundriß in Form eines Kreuzes zugrunde liegt.

Fügt man diesem Kreuz noch die sieben Rosen hinzu,[83] so findet man in dem Raum der großen Kuppel das viergliedrige Wesen des Menschen (vier Rosen) und in dem Raum der kleinen seine drei höheren Glieder (drei Rosen), die heute noch im Schoße der Wesenheiten der dritten Hierarchie ruhen: das Geistselbst bei den Engeln, der Lebensgeist bei den Erzengeln und der Geistesmensch bei den Archai.[84]

Auf diese Weise ist der ganze siebengliedrige Mensch in seinem Zusammenhang mit den Seelen-Geistern, der dritten Hierarchie, in das erste Goetheanum hineingeheimnist, um daraus zu lernen, im Zusammenwirken mit den Göttern das geistige Goetheanum als soziales Gebilde der Zukunft innerhalb der Menschheit zu erbauen. Diese Aufgabe entspricht auch dem Ziel des wahren Rosenkreuzertums.

Siehe den Grundriß des ersten Goetheanum mit Kreuz und sieben Rosen, in der Zeichnung von Christian Hitsch, die er während seines Ostervortrags im Goetheanum am 20. 4. 2003 auf die Tafel gezeichnet hat (siehe Seite 102).

Auf dem rosa Fenster im Süden vom großen Saal des Goetheanum ist das Motiv «Und der Bau wird Mensch» dargestellt, auf dem durch das Wirken des Christus (das mittlere Motiv) der Bau (das linke Motiv) zum Menschenantlitz wird (das rechte Motiv). Auf der Originalskizze schrieb Rudolf Steiner zu den Seitenmotiven: «Die Schwelle verhüllt sich» und «Die Schwelle offenbart sich». Es geht somit hier um das Geheimnis der Schwelle zur Welt der Hierarchien, vor allem aber zu derjenigen, die jenseits der Schwelle dem Menschen am nächsten steht. Die Wesen der

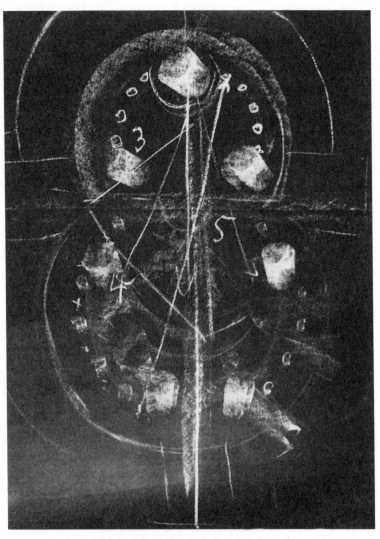

Tafelzeichnung von Christian Hitsch
(Die Originaltafelzeichnung war mit Farbkreide dargestellt)

dritten Hierarchie sind auch auf den beiden Seitenflügeln des Fensters angedeutet.

In dem Vortrag vom 26. Oktober 1918 beschreibt Rudolf Steiner verschiedene neue Fähigkeiten, die der Mensch in der Zukunft in sich zu entwickeln hat. Die ersten beiden müssen schon in unserer fünften nachatlantischen Kulturepoche wirksam werden. Die Erstere besteht im Erleben der Bildnatur des Menschen. «Denn das wird es sein, was in diesem Zeitalter der Bewußtseinsseele über die Menschheit kommen muß: den Menschen bildhaft auffassen zu können ... Das geistige Urbild des Menschen müssen wir durchschauen lernen durch seine Bildnatur» (GA 185).[85] Und im gleichen Vortrag sagt Rudolf Steiner weiter, daß diese Fähigkeit zu einer wirklichen «Ich-Erkenntnis» des anderen Menschen führen wird.

Der Weg zur Entfaltung einer solchen Fähigkeit sollte vor allem durch die Kunst geschehen, denn «alle Kunst hat etwas in sich, was geeignet ist, zu tieferer, konkreterer Menschenerkenntnis zu führen.» Deshalb ist es die Kunst, welche uns «befähigt, den Menschen ... nach der Richtung der menschlichen Bildnatur aufzufassen.» Diese Worte sprach Rudolf Steiner noch im ersten Goetheanum, so daß jeder Zuhörer sie sogleich in ihrer unmittelbaren Beziehung zu dem Bau erleben konnte, der als Ganzes das Wesen des Menschen in künstlerisch-bildhafter Form darstellte.

Die zweite Fähigkeit, welche die Menschheit ebenfalls in unserer Epoche zumindest anfänglich entwickeln soll (dies wird sich noch auf den Beginn der nächsten Epoche erstrecken), besteht in dem Wahrnehmen der Beziehung des Menschen zur dritten Hierarchie. Es wird darum gehen, «am Menschen zu spüren, zu erfassen, indem wir ihm entgegentreten, seine Beziehung zur dritten Hierarchie, seine Beziehung zu den Angeloi, Archangeloi und Archai» (ebd.). Auch dafür sollte der erste Bau den Weg bereiten. Vor allem wird die Spiritualisierung der Sprache dabei eine wichtige Rolle spielen. Deshalb nannte Rudolf Steiner das erste Goetheanum «Haus der Sprache» und charakterisierte seine Formen als «Sprachorgane der Götter» (GA 286, 17.6.1914). So sollten die Formen und Farben dieses Menschheitsbaues die Verbindung der Menschen zur dritten Hierarchie stärken und allmählich zum Erleben bringen. Erinnern wir uns an dieser Stelle zudem noch daran, daß die Formen des Goetheanum durch die Flammen des Brandes zunächst in die Weiten des Ätherkosmos aufgenommen und dann von Rudolf Steiner von dorther wieder empfangen wurden (siehe GA 233a, 22.4.1924), um als «Geist des Goetheanum» bei der Weihnachtstagung anwesend zu sein (siehe GA 260, 31.12. 1923), dann kann man auch die Verbindung dieses Geistes mit der dritten Hierarchie und die Aufgabe, mit ihr immer bewußter zusammenzuarbeiten, noch tiefer verstehen.

Die schaffende Kraft der Liebe

Es ist im Zusammenhang mit dem weiter vorne bereits Ausgeführten auffallend, daß Rudolf Steiner die Enthüllung des Wesens Anthroposophia im Jahre 1923 mit den drei beschriebenen Aufbaustufen der Anthroposophischen Gesellschaft in Verbindung bringt. In Dornach sprach er im Juni im Rahmen einer Veranstaltung des dortigen *Zweiges* von ihr als von einem «unsichtbaren Menschen». Im November, in Den Haag, bei der Eröffnung der *Landesgesellschaft,* bezeichnete er sie schon als ein «lebendiges Weltenwesen». Und an der Weihnachtstagung, bei der Begründung der *Weltgesellschaft,* nannte er sie zweimal bei ihrem Namen «Anthroposophia», für welche diese Gesellschaft eine neue seelisch-geistige Hülle bilden soll (GA 260, 25.12.1923).

Das soziale Leben der Menschheit kann allein aus dem Wesen der geistigen Liebe erblühen. Deshalb bekommt dieses Motiv in den erwähnten Vorträgen auch eine dreifache Entfaltung. Im Juni-Zyklus wird es nur mittelbar angesprochen. Es geht dort vor allem darum, daß man diesbezüglich das Falsche vermeidet, indem man eine echte Bruderschaft und allgemeine Menschenliebe den Menschen nicht statuarisch als dogmatische Verpflichtung auferlegt, wie es in der Satzung der Theosophischen Gesellschaft der

Fall war. Rudolf Steiner meint dazu: «Wenn die Anthroposophie selbst wie ein lebendiges, übersinnliches, unsichtbares Wesen wandelnd unter den Anthroposophen angesehen wird», so daß jeder Anthroposoph dieser «unsichtbaren Wesenheit Anthroposophie anhängt»,[86] dann wird alles Weitere, was man für das soziale Zusammenleben und gemeinsame Wirken der Menschen in ihrem Dienste braucht, sich wie von selbst ergeben.

In Den Haag hingegen, wo es nicht mehr um eine kleine Gruppe, sondern um eine ganze Landesgesellschaft geht, spricht Rudolf Steiner schon viel direkter über den sozial-bildenden Impuls dieses Wesens, welcher im Erwecken der Kraft der geistigen Liebe besteht. Denn die Eigenschaft dieses «Weltenwesens» ist, daß es von sich aus die Liebe im Herzen zündet, wenn der Mensch es nur dort hineinläßt. Anthroposophie möchte «uns – uns selbst … bringen und damit dasjenige in uns … bringen, was wiederum den Weg hinausfindet in echter Menschenliebe zu den anderen Menschen».[87]

Der letzte und abschließende Schritt wird an der Weihnachtstagung bei der Begründung der Weltgesellschaft vollzogen. Hier findet nicht nur die Offenbarung der Liebe statt, sondern die Liebe selbst wird bis zu der «gestaltenden Substanz» verdichtet, aus der Rudolf Steiner daraufhin den übersinnlichen Liebesgrundstein formt.[88]

Verfolgt man die Entfaltung dieser dreifachen Liebe durch die sozialen Stufen über Zweige und Landesgesellschaft bis zur Begründung der Weltgesellschaft, die mit der direkten Anrufung des Wesens Anthroposophia eine Art Kulmination erreicht, dann kann man diesen Prozeß zugleich als eine stufenweise Entschleierung dieses hohen Wesens als der modernen Isis erleben. Denn diese möchte heute nicht allein im Individuellen, sondern vor allem in der sozialen Entwicklung der Menschheit als liebespendender Quell wirken.

In seinem Bericht über die Weihnachtstagung im «Nachrichtenblatt für die Mitglieder» vom 13. Januar 1924 schreibt Rudolf Steiner: «Sie [die Anthroposophie] öffnet ihre Quellen, und der liebegetragene Menschenwille kann aus ihnen schöpfen. [Denn nur die menschliche Liebe kann an den Quell der Weltenliebe herantreten]. Sie macht die Menschenliebe lebendig und wird damit schaffend in Impulsen des sittlichen Handelns und der echten sozialen Lebenspraxis» (GA 260 a). Auch in den Statuten, die im gleichen Bericht zum ersten Mal veröffentlicht werden, steht in § 3: die Ergebnisse der Anthroposophie «können zu einem wirklich auf brüderliche Liebe aufgebauten sozialen Leben führen» (ebd.).

Es wird damit auf mehr exoterische Weise dasjenige beschrieben, was bei der Weihnachtstagung in der Erschaffung des *Liebesgrundsteins* für die Anthroposophische Gesellschaft esoterisch verwirklicht wurde. Und so bekam diese einen nie versiegenden Geistesquell für ihre soziale Gestaltung und Erneuerung, aus dem heraus sie immer wieder neue Kräfte schöpfen kann.

Das neue Bewußtsein der Schwelle

1923 vereinigt Rudolf Steiner in Den Haag das Motiv des Wesens Anthroposophie, das an das Herz der Anthroposophen klopft, mit dem Motiv der Menschheit, die vom 19. Jahrhundert an auf dem Wege ist, die Schwelle der geistigen Welt unbewußt zu überschreiten. Die beiden Prozesse sind miteinander verknüpft, jedoch kann diese Verbindung nur mit dem Herzensdenken bzw. mit dem Herzensbewußtsein erfaßt werden.

Diesseits der Schwelle, wo man die Anthroposophie anfänglich mit den Kräften des Kopfes aufnimmt, ist sie zunächst nur eine Lehre oder der in irdische Gedanken gegossene Inhalt aus der geistigen Welt. Von jenseits der Schwelle betrachtet ist Anthroposophie etwas ganz anderes. Dort ist sie ein reales Wesen, das zu den höheren Hierarchien gehört.[89] Man kann sie aber als ein solches übersinnliches Wesen nur dann erleben, wenn der Mensch selbst mit seinem Bewußtsein einen Standpunkt jenseits der Schwelle einnimmt, das heißt eine Erkenntnis davon erlangt, daß die Menschheit heute die Schwelle zur geistigen Welt bereits überschritten hat. Darinnen liegt auch der grundsätzliche Unterschied zwischen dem Kopf- und dem Herzdenken. Das Erstere bleibt nur diesseits der Schwelle verhaftet, im Zweiten hingegen kann der Mensch heute schon jenseits der Schwelle aufwachen.

In dem Haager Vortrag, an der Stelle, wo es um die Beziehung des Menschen zu dem Wesen Anthroposophie geht, beschreibt Rudolf Steiner es so: «Aber während wir im Kopfe dieses gewöhnliche Bewußtsein haben, schreitet unser tieferes Bewußtsein, welches das Herz ergreift, gerade eben historisch für die moderne Zivilisation durch die Schwelle zur geistigen Welt durch» (GA 231, 18. 11. 1923).

Wie entscheidend dieses Erwachen jenseits der Schwelle für die Zukunft ist, folgt aus den Worten, die unmittelbar an die vorhergehenden anschließen: «Und jenseits muß der Mensch entweder verderben, oder er muß vorrücken mit gutem Willen zu einer Erkenntnis der übersinnlichen Welt».

In bezug auf diese kritische Situation der gegenwärtigen Menschheit kann sich jeder Anthroposoph fragen, wo er die naheliegendste Erfahrung des Aufwachens jenseits der Schwelle erlangen kann. Die Antwort darauf, im Sinne des zitierten Vortrags, lautet: In dem Erleben der Anthroposophie als einem realen geistigen Wesen, das man in das Herz einläßt, um dort ein neues Erkenntnisorgan für die Zusammenarbeit mit den Wesenheiten der dritten Hierarchie im Menschen auszubilden. Dann wird das lebendige Wesen Anthroposophie von jenseits der Schwelle die einzelnen Gruppen zur Mitarbeit mit den Angeloi, die Landesgesellschaften mit den Archangeloi und die Weltgesellschaft mit den Archai, mit Michael selber, führen. Damit wird die oben erwähnte Aufgabe, die in der Zusammenarbeit der Menschen mit den Göttern besteht, erfüllt werden.

Aufgrund des Gesagten kann man die innere Beziehung zwischen dem aus den kosmischen Höhen zurückgekehrten Geist des Goetheanum und der Wesenheit Anthroposophie richtig begreifen. Im Lichte dieses Geistes tritt nach dem Brand des Baues ihre menschlich-hierarchische Wesenheit immer mehr in

Erscheinung, bis sie an der Weihnachtstagung in ihrem vollen kosmischen Glanze sich den Menschen offenbart, die dann «eine wahre Vereinigung … für Anthroposophia» in der beschriebenen dreifachen Gestaltung der Anthroposophischen Gesellschaft bilden können.

Damit eine solche Zusammenarbeit mit dieser geistigen Wesenheit auch auf sozialem Felde den Menschen zugänglich werde, mußte Rudolf Steiner den Geist des Goetheanum zuerst auf die Erde herabbringen. Dies beschreibt er am Ende des Oster-Zyklus 1924 in folgenden Worten: «Nunmehr [nach dem Brand des Goetheanum] verstehen wir es, daß wir nicht bloß eine Erdensache vertreten dürfen, sondern eine Sache der weiten ätherischen Welt, in der der Geist lebt. Denn es ist die Sache vom Goetheanum eine Sache des weiten Äthers, in dem geisterfüllte Weisheit der Welt lebt. Es ist hinausgetragen worden, und wir dürfen uns von den Goetheanum-Impulsen aus dem Kosmos hereinkommend durchdringen» (GA 233 a, 22. 4. 1924). Aus diesen Worten folgt, daß der kosmisch gewordene Geist des Goetheanum jetzt aus dem Gebiet der «geisterfüllten *Weisheit*», oder der Sophiensphäre, mit der auch die Wesenheit Anthroposophie verbunden ist, auf der Erde wirkt, da Rudolf Steiner in der Lage war, sich während der Weihnachtstagung mit seinen Impulsen «zu durchdringen» (ebd.).

Wie konkret diese Anwesenheit des Geistes des Goetheanum schon während der Weihnachtstagung war, das beschreibt Rudolf Steiner am letzten Tag derselben wie folgt: «Was hier geschehen ist, ich weiß es, ich durfte es sagen, denn es ist gesagt worden unter voller Verantwortung im Aufblicke zu dem Geist, der da ist und sein soll und sein wird der Geist des Goetheanums» (GA 260, 1. 1. 1924).

So konnten nur inmitten des Tempels des geistigen Goetheanum die Mysterien der neuen Isis-Sophia enthüllt werden und die bewußte Zusammenarbeit der Menschen mit der Anthroposophia beginnen, die nach der Weihnachtstagung als eine konkrete übersinnliche Wesenheit innerhalb der neubegründeten

Anthroposophischen Gesellschaft bis in die kleinsten Taten alles durchdrang, um selber innerhalb dieser anwesend zu sein. Jetzt, im Geiste des spirituell auferstandenen Goetheanum war sie imstande, bis in die sozialen Verhältnisse hinein zu wirken, um die neue Beziehung der Menschen mit der dritten Hierarchie zu begründen.

4. Die Arbeit mit den neuen Gruppenseelen

Die neuen Gruppenseelen

In dem Vortrag vom 1. Juni 1908 spricht Rudolf Steiner davon, daß in der geistigen Welt heute besondere Gruppenseelen auf eine geistig-soziale Zusammenarbeit mit den Menschen warten. Diese Gruppenseelen, im Gegensatz zu den früheren, berücksichtigen die volle Freiheit des Menschen. In diesem Sinne bezeichnet Rudolf Steiner sie als *neue* Gruppenseelen.

Da nur die Wesenheiten der *dritten* Hierarchie Menschengruppen unmittelbar leiten können (die zweite Hierarchie wirkt primär durch die Natur – die erste durch die Weltprozesse), liegt es auf der Hand, daß auch diese neuen Gruppenseelen zu ihr gehören. Ihr Wesen beschreibt Rudolf Steiner wie folgt: «Alle früheren Gruppenseelen waren Wesenheiten, die den Menschen unfrei machten. Diese neuen Wesenheiten aber sind vereinbar mit der völligen Freiheit und Aufrechterhaltung der Individualität der Menschen» (GA 102).

Aus dieser Charakteristik ergibt sich die Frage, wo haben diese neuen Gruppenseelen einen solchen Umgang mit der Freiheit gelernt, so daß sie jetzt im völligen Gegensatz zu den alten Gruppenseelen, die dies noch nicht vermochten, wirken können. Das rührt offensichtlich daher, daß sie etwas von dem Wesen einer solchen Freiheit in der geistigen Welt in bestimmten Momenten ihrer eigenen Entwicklung erfahren haben.

Um zu verstehen, wie so etwas möglich ist, erinnere man sich daran, wie Rudolf Steiner zwischen der irdischen (menschlichen) und der kosmischen Freiheit unterscheidet. Die erste beschreibt er in seinem Buch «Die Philosophie der Freiheit», und über die zweite berichtet er das Folgende: «die ‹Philosophie der Freiheit› bereitet dazu vor, über die Freiheit das zu erkennen, was dann im geistigen Zusammengehen mit Michael erfahren werden kann»

(GA 26, Seite 107). Nur durch das Letztere läßt sich «das kosmische Wesen der Freiheit» erkennen (ebd.). Diese «kosmische Freiheit» ist somit untrennbar mit dem Wesen und Walten Michaels aus seinem kosmischen Sonnenbereich heraus verbunden.

In diesem Sinne bezeichnet Rudolf Steiner Michael als «geistigen Held der Freiheit» (GA 233 a, 13.1.1924), der «will, daß der Mensch ein freies Wesen ist» (GA 240, 19.7.1924). Und was das erwähnte Zusammengehen mit ihm in der geistigen Welt bedeutet, beschreibt er vor allem in den Karmavorträgen. Dort wird dargestellt, wie die geistigen Michael-Wege in seine übersinnliche Schule im Sonnenbereich führen. Über diese Schule selbst berichtet Rudolf Steiner, daß dort unter anderem die Inhalte aller vorchristlichen Mysterien aus der Empfindungsseele und aus der Verstandes- oder Gemütsseele der Menschen, die daran in ihrem Leben zwischen dem Tod und einer neuen Geburt beteiligt waren, in die Bewußtseinsseele gehoben wurden.[90] Dieses höchste Glied des menschlichen Seelenwesens ist zugleich dasjenige, in dem das Wesen der Freiheit überhaupt ergriffen und erlebt werden kann. Daraus folgt, daß hier, im Bereich der kosmischen Freiheit, im Menschen der Sinn bzw. die neue Fähigkeit veranlagt wurde, um später auf der Erde das Wesen der menschlichen Freiheit, so wie sie in der «Philosophie der Freiheit» dargestellt wurde, zu erfassen. Diese übersinnliche Michael-Schule war somit eine große Schule zur Freiheit.

Nun erwähnt Rudolf Steiner auch, daß an dieser Sonnen-Schule neben den entkörperten Menschenseelen auch zahlreiche Elementargeister und vor allem alle drei Wesensarten der dritten Hierarchie, das heißt diejenigen Angeloi, Archangeloi und Archai, die zum kosmischen Michaelreich gehören und Michael dienen, teilgenommen haben: «All dasjenige, was zu Michael gehörte an entkörperten Menschenseelen, nahm teil an jener großen Schule, die übersinnlich stattfand im 14., 15., 16. Jahrhundert. Alle diejenigen Wesenheiten aus der Hierarchie der Angeloi, Archangeloi, Archai, die zur Michael-Strömung gehörten, nahmen teil. Zahlreiche Elementarwesen nahmen teil.»[91]

Um die Beziehung Michaels zum Wesen der Freiheit besser verstehen zu können, ist es von besonderer Bedeutung, sich den kosmischen Ort seiner übersinnlichen Schule zu vergegenwärtigen. Denn gemäß Rudolf Steiner ist die geistige Sonne in unserem All der Quell der kosmischen Freiheit. In fast hymnusartigen Worten spricht er darüber: «So hängt in unserem gesamten Weltendasein unser Menschliches mit dem Sonnendasein zusammen, und wir können, die Sonne ansprechend, so fühlen: O du Weltensohn der Freiheit, dich fühle ich verwandt mit allem in mir, was meinem eigenen Wesen die Freiheit und die Entschlußfähigkeit für die Zukunft gibt!» (GA 240, 25.1.1924). Und in einem anderen Vortrag steht: «In alledem, was als Freiheit in uns lebt ... da wirkt das Sonnendasein» (a.a.O., 6.2.1924).

Der große Führer des kosmischen Sonnenreichs aber ist Michael. Unter den die Menschheit leitenden hierarchischen Wesenheiten seines Ranges ist er der Fortgeschrittenste, weil er, im Gegensatz zu den anderen Erzengeln nicht einen Planeten, sondern einen Stern, die Sonne, repräsentiert. Und dieser Unterschied ist hier der Entscheidende. Denn alle Planeten nehmen von außen die geistigen Impulse auf, die Sonne aber sendet sie aus, sie schickt ihr Licht in das ganze Weltenall, während die Planeten es nur zurückstrahlen können. «Aber der höchste im Range, gleichsam der Oberste ist derjenige, der in unserem Zeitalter die Herrschaft zu führen beginnt, ist Michael», – sagt Rudolf Steiner von ihm (GA 152, 18.5.1913). Deshalb stehen seine geistigen Inspirationen zu denjenigen der anderen Erzengel «wie die Planeten zu der mächtigen Sonne» (a.a.O., 2.5.1913). «Wie die Sonne erhaben ist über die Planeten» (ebd.), so erhaben ist die zentrale Stellung Michaels unter den Wesenheiten seiner Hierarchie.

Als Hauptvertreter des Sonnenreichs wirkt er in der geistigen Welt als der große Repräsentant und Lehrer der kosmischen Freiheit, dessen Wesen in unmittelbarer Beziehung zu dem zentralen Geist der Sonne – Christus, dem er dient und dessen Antlitz er im Kosmos ist – steht. Deshalb ist seine übersinnliche Schule derjenige Ort, wo die Grundlagen des neuen kosmischen

Christentums, das zugleich das Christentum der Freiheit werden muß, gelegt worden sind. Und die Menschenseelen, die später die Seelen der Anthroposophen auf der Erde werden sollten, wurden durch ihr Karma so geführt, daß sie sich während ihres nachtodlichen Lebens in dieser Michael-Schule im Sonnenbereich befanden. Denn schon in ihren früheren Inkarnationen nahmen sie den Christus-Impuls so in sich auf, daß in ihren Herzen das Verlangen nach dem Erfahren seiner kosmischen Dimension veranlagt werden konnte. «Das Karma hat diese Seelen so geführt, daß sie sich dazumal in dem Leben zwischen dem Tod und einer neuen Geburt um Michael scharten, um wiederum ein *kosmisches Christentum* auf die Erde herunterzutragen» (GA 240, 21.8. 1924). Und an einer anderen Stelle äußert sich Rudolf Steiner wie folgt über die Beziehung der Menschen – die er hier, ganz ungewöhnlich, bereits als Hierarchie bezeichnet[92] – und der Wesen der dritten Hierarchie zu Christus und zu seiner Opfertat auf der Erde: «So sehen wir, daß für die Wesenheiten dieser vier Hierarchien, daß für die Menschen, aber auch für die Engel, Erzengel und Archai das Mysterium von Golgatha, das Christus-Ereignis, durchgreifend das Höchste bedeutet, von dem wir in unserer kosmischen Entwickelung als Menschen sprechen können» (GA 129, 21.8.1911). Und weil Rudolf Steiner vorher davon gesprochen hatte, wie *diese* Engel, Erzengel und Archai den Christus-Impuls bereits in sich aufgenommen hatten, so folgt daraus, daß auch die Menschen, welche hier mit ihnen in eine direkte, sogar «hierarchische» Beziehung gebracht werden, zu denen gehören, die ebenfalls eine tiefere Verbindung zu Christus gefunden haben, zunächst auf der Erde in ihren früheren Inkarnationen und dann bei der gemeinsamen Begründung und Ausarbeitung des neuen kosmischen Christentums in der Michael-Schule.

An dieser Stelle muß man sich fragen: Hat denn nicht damals eine Anzahl von Engeln, Erzengeln und sogar Archai aus ähnlichen Gründen in die übersinnliche Michael-Schule hineingefunden, nämlich aus ihrer besonderen Beziehung zu Christus und der somit erkannten Aufgabe, das Wesen der von ihm ausgehenden kosmischen Freiheit gründlich kennenzulernen, um daraufhin die Menschheit im Sinne dieser Freiheit leiten zu können? Daß eine Reihe solcher Wesenheiten der *dritten* Hierarchie, die in der geistigen Welt bereits den Christus-Impuls in sich aufgenommen hatten, um die Menschheit auf der Erde im Sinne des Christus durch die fünfte (Engel), sechste (Erzengel) und die siebente (Archai) Kulturepoche zu führen, tatsächlich existiert, davon berichtet Rudolf Steiner an verschiedenen Stellen.[93]

Daher liegt es auf der Hand anzunehmen, daß vor allem *diese* hierarchischen Wesenheiten an der Michael-Schule teilgenommen haben, um von ihm dasjenige über das Wesen der Freiheit zu erlernen, was sie dann werden gebrauchen können, um als neue Gruppenseelen sich mit Menschenvereinigungen auf der Erde in der beschriebenen neuen und ganz freien Weise zu verbinden und damit den Aufstieg der Menschheit in die geistige Welt zu veranlagen und auch tatsächlich zu beginnen.[94]

Die Wiederkunft des Christus und die dritte Hierarchie

In seiner Schrift «Die geistige Führung des Menschen und der Menschheit» weist Rudolf Steiner darauf hin, daß in unserer Zeit vor allem die Engel, die in der fünften nachatlantischen Kulturepoche die Menschheit im Sinne des Christus führen, auch die Anthroposophie auf der Erde inspirieren. «Und wenn man heute Anthroposophie treibt, so bedeutet das nichts anderes als die Anerkennung der Tatsache, daß die übermenschlichen Wesenheiten, welche die Menschheit geleitet haben, jetzt ihre Führerschaft so fortsetzen, daß sie sich selber unter der Führung des Christus befinden. – So ist es auch mit anderen Wesenheiten» (GA 15, Kap. III). Hier sind mit den «übermenschlichen Wesenheiten» die Engel gemeint und mit den «anderen Wesenheiten» die dem Christus folgenden Erzengel und Archai.

Aus den Karmavorträgen wissen wir, daß die Anthroposophie in ihrer noch himmlischen Form in der übersinnlichen Schule auf der Sonne von Michael selber, jedoch gemeinsam mit den ihm dienenden Engeln, Erzengeln und Archai vorbereitet wurde. Und wenn Rudolf Steiner sagt, daß Anthroposophie heute «die Gabe von Michael» (GA 152, 2. 5. 1913) ist, der gegenwärtig als der führende Zeitgeist durch die mit ihm verbundenen Wesenheiten der dritten Hierarchie unter den Menschen auf der Erde wirkt, dann haben wir einen weiteren Beweis dafür, daß es sich um die gleichen Wesenheiten der dritten Hierarchie handelt, die damals unter der Leitung Michaels an seiner übersinnlichen Schule gemeinsam mit den entkörperten Menschenseelen teilgenommen und zuvor den Christus-Impuls besonders stark in sich aufgenommen hatten.

In dieser Beziehung berichtet Rudolf Steiner in der gleichen Schrift, daß es in unserer Zeit dieselben Engel sind, welche heute die Menschen zum Erleben der ätherischen Wiederkunft des Christus führen. «So werden sie auch diejenigen sein, welche im zwanzigsten Jahrhundert die Menschen hinaufführen werden zu einem Schauen des Christus, wie ihn Paulus gesehen hat» (GA 15, Kap. III). Das macht auch die esoterischen Hintergründe der Tatsache verständlich, daß in unserer Zeit vor allem die Anthroposophie die Weltaufgabe hat, die Menschheit auf diese Begegnung mit dem ätherischen Christus vorzubereiten. Denn es sind die gleichen Engel-Wesenheiten, die heute Anthroposophie inspirieren und die Wiederkunft Christi vorbereiten. Und der kosmische Quell dieser ihrer beiden Tätigkeiten liegt in der Michael-Schule, aus der sie die Kräfte mitbringen, um diese doppelte Aufgabe zu erfüllen. Verstehen wir dies, dann können wir das ganze Gewicht der folgenden Worte Rudolf Steiners begreifen: «So erfassen wir jetzt Geisteswissenschaft in einem ganz andern Sinn. Wir lernen, daß sie etwas ist, was uns eine ungeheure Verantwortung auferlegt, denn sie ist eine Vorbereitung auf das ganz konkrete Geschehen des Wiedererscheinens des Christus» (GA 118, 25. 1. 1910).

Jedoch geht das Mysterium dieser Wesenheiten noch weiter. Denn so wie heute die mit Michael-Christus verbundenen Engel die Menschen zur Wiederkunft Christi in ätherischer Form auf dem Astralplan führen, so werden in der sechsten Epoche die mit ihm verbundenen Erzengel die Menschheit zu seiner nächsten, noch höheren Offenbarung führen, bei welcher der Christus im Astralleibe auf dem niederen Devachan erscheinen wird. Und noch später, in der siebenten Kulturepoche werden die Archai die Menschen auf seine noch umfassendere Erscheinung vorbereiten: Als das Welten-Ich auf dem höheren Devachan. «Jene Individualität, welche die Christus-Individualität war, die war nur drei Jahre auf Erden, in dem Körper des Jesus von Nazareth, und kommt nicht wieder in einem physischen Leibe; nur in der fünften Kulturepoche im Ätherleibe, in der sechsten Kulturepoche im astralen Leibe, und wieder weiter, in der siebenten Kulturperiode, in einem großen kosmischen Ich, das gleich einer großen Gruppenseele der Menschheit ist» (GA 130, 21.9.1911). Über diese dritte übersinnliche Offenbarung des Christus sagt Rudolf Steiner weiter in einem anderen Vortrag, daß dann die Menschen ihn wahrnehmen werden «in seiner Glorie, als Gestalt des größten Ich, als das vergeistigte Ich-Selbst, als großen Lehrer der menschlichen Entwickelung im oberen Devachan» (GA 130, 4.11.1911).

Was diese aufsteigenden Offenbarungen des Christus von kosmischer Seite her bedeuten, das kann uns die kleine Bemerkung Rudolf Steiners in seiner Schrift «Die geistige Führung des Menschen und der Menschheit» erläutern. Dort schreibt er, daß die Engelwesen, welche heute die Menschen zum Erschauen des Christus im Ätherischen führen und ihnen zugleich «zeigen, wie der Christus nicht nur auf die Erde wirkt, sondern das ganze Sonnensystem durchgeistigt» (GA 15, Kap. III). Das heißt, dasjenige, was bei dem Mysterium von Golgatha innerhalb der Erde geistig als die neue Sonne veranlagt wurde (siehe GA 112, 6.7.1909), hat heute in der ätherischen Offenbarung des Christus seine Kraft über das ganze Sonnensystem ausgebreitet. Verfolgen wir diesen Prozeß weiter, dann wird die Macht und Glorie des Christus bei seiner Offenbarung auf dem unteren Devachan bis zum Zodiakus oder der Welt der Fixsterne sich erstrecken.

(Denn nach den geisteswissenschaftlichen Mitteilungen Rudolf Steiner beginnt die Sternenwelt bereits bei der obersten Region des unteren Devachan.)[95] Bei seiner dritten und zunächst höchsten Offenbarung, vom höheren Devachan aus, wird Christus als das All-umfassende Welten-Ich oder «in seinem wahren Ich …, das alles menschliche Ich in unfaßbarer Höhe überragt», erscheinen (GA 130, 18. 11. 1911).[96] Auf dieser Stufe wird die Kraft des kosmischen Ich des Christus, ohne jegliche Hülle, unmittelbar aus dem Gebiet, das jenseits des Tierkreises liegt, den Menschen entgegenstrahlen. Dann werden die Worte Rudolf Steiners in Erfüllung gehen: «Es wird künftig eine Christus-Idee leben in den Herzen der Menschen, an Größe mit nichts zu vergleichen, was bisher die Menschheit zu erkennen glaubte» (GA 15, Kap. III).[97]

Und so wie es heute vor allem die michaelischen Engel sind, welche die Menschen zum Erleben des ätherischen Christus führen, so werden es auch die michaelischen Erzengel und die michaelischen Archai sein, welche die Menschheit zu noch höheren Offenbarungen des Christus führen werden. Auf diese Weise «wird die Menschheit von Stufe zu Stufe hinaufgeleitet werden in die geistige Welt» (ebd.).

Daß diese Wesenheiten der dritten Hierarchie vor allem diejenigen sein werden, die in einer besonderen Beziehung zu Michael stehen und als mit ihm verbunden seine übersinnliche Schule mitgemacht haben, folgt vor allem aus der Tatsache, daß er selber an dem Wesen des Mysteriums von Golgatha beteiligt war und dadurch, wie kein anderer hierarchischer Geist, das Wissen darüber den anderen Geistern vermitteln kann. «Michael selber hat in übersinnlichen Welten an den Ereignissen des Mysteriums von Golgatha teilgenommen» (GA 194, 22. 11. 1919). Mehr noch, als Folge dieser geistigen Beteiligung ist er von einem Nachtgeist zu einem Taggeist aufgestiegen, das heißt, von dem kosmischen Antlitz Jahves zum kosmischen Antlitz des Christus geworden. Denn für Michael «bedeutet das Mysterium von Golgatha die Umwandlung aus einem Nachtgeist in einen Taggeist» (ebd.).

So wurde er allmählich für die dritte Hierarchie zu dem großen Lehrer des Mysterium von Golgatha und zugleich, als das kosmische Antlitz des Christus, derjenige, der Ihm, vor allem nach dem Beginn seiner Führung der Menschheit als gegenwärtiger Zeitgeist, am nächsten steht.

Deshalb schreibt Rudolf Steiner von «Michael-Christus» sogar als von demjenigen, der den Menschen «zu seinen Welten-Zielen» kommen läßt[98], was vor allem mit Hilfe der drei Wesensarten der dritten Hierarchie geschehen wird. Und über die Beziehung Michaels zur ätherischen Wiederkunft sagt Rudolf Steiner: «Dieses Ereignis der Erscheinung des Christus ... kann nur herbeigeführt werden, wenn sich die Herrschaft des Michael immer mehr und mehr ausbreitet» (GA 158, 9.11.1914). An dieser Ausbreitung der «Michael-Herrschaft» sind in der geistigen Welt vor allem diejenigen Engel, Erzengel und Archai beteiligt, welche durch seine übersinnliche Schule hindurchgegangen sind, um den Christus-Impuls in seiner michaelischen Form zu erkennen und ihm unter der Führung Michaels zu dienen.

Was auf diese Weise in den geistigen Regionen bereits geschieht, das muß auch auf der Erde aus voller Freiheit fortgesetzt und weiterentwickelt werden. Dazu ist aber die bewußte Zusammenarbeit der Menschen mit den neuen Gruppenseelen aus den zu Michael gehörenden Wesenheiten der dritten Hierarchie notwendig. Darauf wurden in der übersinnlichen Michael-Schule sie und die Menschenseelen gleichermaßen vorbereitet, und bei der Weihnachtstagung wurde dann die Anthroposophische Gesellschaft begründet als der Ort, wo die ersten Schritte zur Erfüllung dieser Aufgabe gemacht werden können.

Das Sonnen-Karma der Anthroposophen

Vor dem Vortrag vom 23. Mai 1924 in Paris spricht Rudolf Steiner, auf die Weihnachtstagung zurückblickend, über eine Art neuen Bündnisses, das durch seine Tat mit bestimmten Wesen der geistigen Welt geschlossen werden konnte: «Aber es steht durchaus zu hoffen, daß die Kräfte des Bündnisses, das wir durch die Weihnachtstagung mit guten geistigen Mächten schließen durften, ... imstande sein werden, alle ... gegnerischen Mächte auf geistigem Gebiete ... aus dem Felde zu schlagen» (GA 260a). Das michaelische Motiv des Kampfes mit dem Drachen lebt so klar in diesen Worten, daß man mit großer Sicherheit die angesprochenen «guten geistigen Mächte» als Michael und die ihm dienenden Engel, Erzengel und Archai aus seiner übersinnlichen Schule identifizieren kann.

Auch erwähnt Rudolf Steiner während des Jahres 1924 an vielen Orten mit tiefer Befriedigung den Mitgliedern gegenüber immer wieder: «Mit vollem Wohlwollen sehen unausgesetzt seit der Begründung der Anthroposophischen Gesellschaft am Goetheanum jene geistigen Mächte, von denen wir unsere Offenbarungen haben, mit einem noch größeren Wohlwollen sehen sie auf uns herab, als das früher [vor der Weihnachtstagung] der Fall war» (GA 260a, 12.8.1924). Daraus folgt, die Beziehung zu Michael und den mit ihm verbundenen Hierarchien war seit der Weihnachtstagung noch intensiver geworden. So daß jetzt, nachdem Rudolf Steiner diese neue Brücke zu ihnen gebaut hatte, es nur an den Menschen selber lag (und bis heute liegt), diese von Michael und den Seinen ausgestreckten Hände *in Freiheit* zu ergreifen.[99] Denn nur aus gegenseitiger Freiheit dürfen jetzt diese neuen Beziehungen zur geistigen Welt aufgebaut werden, das heißt aus derjenigen Freiheit, deren Grundlage Michael selber für die Menschen und die mit ihm verbundenen neuen Gruppenseelen aus der dritten Hierarchie einmal gelegt hat.

Damit ist ebenfalls auf den kosmischen Ort hingewiesen, wo die neuen Gruppenseelen gemeinsam mit den Menschen von dem Wesen der Freiheit erfahren durften: die *übersinnliche Michael-Schule*. Und daraus ergibt sich, daß zwischen diesen neuen Gruppenseelen und den Seelen der Anthroposophen durch dasjenige, was sie *gemeinsam* dort erlebten, ein besonderer karmischer Zusammenhang besteht. Von da an sind sie sozusagen aufeinander angewiesen und brauchen sich gegenseitig, um gemeinsam ihre kosmisch-tellurische Aufgabe, die sie von Michael selber bekommen haben, zu erfüllen. Auf allen drei Ebenen muß dies geschehen: mit den Engeln auf der Stufe der Zweige, mit den Erzengeln in den Landesgesellschaften und mit den zur Michael-Schule gehörenden Archai und dem sie führenden Zeitgeist Michael auf der Ebene der Weltgesellschaft.

Was auf diese Weise im Sonnenbereich veranlagt wurde, das muß auf der Erde als ein Erschaffen von neuem, zukünftigem Karma zwischen den Menschen und diesen drei Arten hierarchischer Wesenheiten aus voller gegenseitiger Freiheit ausgeführt werden. Dafür begründete Rudolf Steiner bei der Weihnachtstagung die Anthroposophische Gesellschaft und gab ihr den beschriebenen dreifachen Aufbau, der dem Wesen und Wirken der dritten Hierarchie entspricht.

Heute zeigt sich unter Anthroposophen immer wieder die Meinung, daß diese Struktur der Gesellschaft überholt sei. Je nachdem, wo man selber gerade die Schwierigkeiten erlebt, spricht man vom Überflüssigwerden der Zweige, der Landesgesellschaften oder sogar der Weltgesellschaft selbst. Diese Meinung läßt sich aber nur von einem Standpunkt *diesseits* der Schwelle zu begründen suchen. Von *jenseits* der Schwelle sieht die Situation jedoch ganz anders aus. Von dorther betrachtet gehört die Arbeit mit allen drei Arten von neuen Gruppenseelen zu den allerwichtigsten Aufgaben, die man überhaupt im Sozialen aus der Anthroposophie heraus erfüllen kann.[100]

Denn über eine solche Zusammenarbeit mit den neuen Gruppenseelen sagt Rudolf Steiner: «Je mehr Zusammenhänge [zwischen den Menschen] gebildet werden, und je mehr da Gemeinschaftsgefühle bei völliger Freiheit ausgebildet werden, desto mehr erhabene Wesenheiten werden zu den Menschen heruntersteigen und desto schneller wird der Erdenplanet vergeistigt werden» (GA 102, 1. 6. 1908). Mit anderen Worten: Je größere Menschenzusammenhänge innerhalb der Zweige, Landesgesellschaften und der Weltgesellschaft aus der Anthroposophie heraus von den Menschen auf der Erde gebildet werden, desto höhere Gruppenseelen werden sich mit ihnen in freier Zusammenarbeit verbinden: die Engel mit den Zweigen, die Erzengel mit den Landesgesellschaften und die Kraft der Archai mit der Weltgesellschaft.[101]

Auf diese Weise werden die Menschen durch ihre Arbeit miteinander für die höheren Wesenheiten geistig-seelische Schalen auf der Erde bilden, ganz im Sinne der wahren Grals-Mysterien der Gegenwart. Und dadurch wird der erste wesentliche Schritt zum «höchsten Ideal menschlicher Entwickelung», zur «Vergeistigung des Erdenplaneten», getan, von dem Rudolf Steiner an Ende seiner «Geheimwissenschaft im Umriß» schreibt: «Man sieht, daß sich aus der ‹Erkenntnis des Grales› [von der in diesem Buch berichtet ist] das höchste Ideal menschlicher Entwickelung ergibt, welches für den Menschen denkbar ist: die Vergeistigung, welche der Mensch durch seine eigene Arbeit erlangt» (GA 13, Seite 413).

Daraus wird die wichtigste soziale Aufgabe, die wir als Anthroposophen von der Michael-Schule auf die Erde mitgebracht haben – aus dem dort veranlagten neuen Sonnen-Karma zwischen den Menschen und den Geistern der dritten Hierarchie Michael durch gemeinsame Arbeit dienen zu wollen –, in eine ihr gebührende kosmisch-tellurische Perspektive gestellt. Man kann auch sagen, es besteht eine Art geistiger Verabredung darüber mit den neuen Gruppenseelen. Und die wichtigste Eigenschaft der Anthroposophischen Gesellschaft als einer Karma-Gemeinschaft liegt eben darin, daß in ihr nicht nur das Karma unter den Menschen, sondern auch das Karma zwischen ihnen und den hierarchischen Wesenheiten im Sinne des Christus als Herr des Karma aus voller Freiheit entwickelt werden kann.

Die neuen Gruppenseelen und der Grundstein

In dem gleichen Vortrag vom 1. Juni 1908 weist Rudolf Steiner weiter darauf hin, daß die beschriebene Zusammenarbeit der Menschen mit den neuen Gruppenseelen besonders gestärkt werden kann, wenn «die Menschen freiwillig ihre Gefühle» – nicht allein die Gedanken – «zusammenstrahlen lassen», so daß sie sich «gruppieren ... um Mittelpunkte herum». Denn «die Gefühle, die so *zu einem Mittelpunkt* zusammenströmen, geben nun wiederum Wesenheiten Veranlassung, wie eine Art von Gruppenseele zu wirken». Aber im Gegensatz zu den alten Gruppenseelen ist es so, daß «diese neuen Wesenheiten ... vereinbar sind mit der völligen Freiheit und Aufrechterhaltung der Individualität der Menschen» (ebd.).

Damit wird auf ein hehres Zukunftsideal gewiesen, das heute auf der Erde erst von sehr wenigen, hochentwickelten Individualitäten erreicht werden kann, die Rudolf Steiner deshalb als «die Meister der Weisheit und des *Zusammenklanges der Empfindungen*» bezeichnet, und von denen er berichtet, daß sie «in unmittelbarem Zusammenhang stehen mit den Kräften der «höheren Hierarchien» (GA 159/160, 15. 6. 1915). Was diese Meister bereits verwirklicht haben, das müssen, ihrem Vorbild folgend, von heute an viele Menschen *miteinander* entwickeln, damit eine neue Brücke zwischen der geistigen Welt und der Menschheit auch im Sozialen allmählich entstehen kann.

Schauen wir von diesem Gesichtspunkt jetzt genauer auf die erwähnte esoterische Struktur der Anthroposophischen Gesellschaft, dann wird uns die ganze Bedeutung des ihr an der Weihnachtstagung gegebenen geistigen Grundsteins noch klarer vor Augen treten. Hat der Mensch ihn tatsächlich in den Boden seines Herzens eingepflanzt, wo er zur spirituellen Grundlage einer neuen Menschengemeinschaft wird, dann kann der Mensch zu diesem «Mittelpunkt» in seiner Seele auch seine besten Gefühle strömen lassen, die er aus der Anthroposophie und vor allem an der Arbeit mit dem Grundsteinspruch in sich entwickelt hat. Dort werden seine Gefühle mit ähnlichen Gefühlen von anderen Mitgliedern der Gesellschaft, die gleichermaßen den Grundstein in den Boden ihres Herzens eingepflanzt haben, zusammenfließen, so daß daraus ein starkes gemeinsames Gefühlszentrum entstehen wird. Dieses bildet dann den Kräftequell für das, was

Rudolf Steiner bei der Weihnachtstagung in folgenden Worten beschreibt: «Und der rechte Boden, in den wir den heutigen Grundstein hineinverlegen müssen, der rechte Boden, das sind unsere Herzen in ihrem harmonischen Zusammenwirken, in ihrem guten, von Liebe durchdrungenen Willen, gemeinsam das anthroposophische Wollen durch die Welt zu tragen» (GA 260, 25. 12. 1923). Denn dieser *Liebesgrundstein* kann im Menschenherzen nur aus dem Gefühl der selbstlosen und deshalb harmonisierend wirkenden Liebe, die sich mit der Liebessubstanz, aus der er besteht, verbindet und allmählich die ganze Seele erfüllt, gepflegt werden.

Dann wird es dem Menschen immer klarer werden, wie dieser Grundstein ein Vermittler sein kann zwischen den Menschen und den neuen Gruppenseelen. Dazu trägt vor allem sein dreifacher Aufbau bei. Durch die Entwicklung von spiritualisierten Menschengedanken in der Seele wird der Mensch im Wesen des Grundsteins den Weltengedanken der Engel begegnen; durch das Erzeugen freier Menschenimaginationen wird er die Weltenimaginationen der Erzengel wahrnehmen; und durch das immer größere Entfalten der geistigen Menschenliebe entsteht die Möglichkeit, die Weltenliebe der Archai zu erleben und vor allem die kosmische Liebe von Michael selbst.[102]

Diese dreifache Beziehung des Menschen zu den Wesen der dritten Hierarchie, die auch die esoterische Struktur der Anthroposophischen Gesellschaft bildet, ist durch den Grundstein tatsächlich möglich, wenn nur die spirituellen Gefühle ihrer Mitglieder sich aus voller Freiheit auf ihn als der unerschütterlichen Grundlage für ihre Zusammenarbeit mit den neuen Gruppenseelen konzentrieren.[103] Deshalb mahnt Rudolf Steiner unmittelbar nach dem Vollzug der Grundsteinlegung die dabei anwesenden Anthroposophen so eindringlich: «Wollen wir uns immerdar bewußt bleiben dieses heute geformten Grundsteines für die Anthroposophische Gesellschaft. Wollen wir das Andenken an den heute in den Boden unserer Herzen gesenkten Grundstein bewahren bei allen, was wir draußen und hier tun wollen zur

Förderung, zur Entwickelung, zur vollen Entfaltung der Anthroposophischen Gesellschaft» (GA 260, 25.12.1923). Dieses – wie das bereits Dargestellte zeigt – ist aber esoterisch gesehen nur mit der Hilfe und Mitarbeit der neuen Gruppenseelen aus der dritten Hierarchie möglich.

Wird jedoch das geistig vereinigende Wesen des Grundsteins von den Mitgliedern der Gesellschaft vernachlässigt und treten unter ihnen folglich immer mehr Streitigkeiten und Spaltungen auf, dann wird dasjenige geschehen, worauf Rudolf Steiner warnend hinweist: «Je mehr sich die Menschen zersplittern werden, desto weniger erhabene Seelen werden heruntersteigen in das Gebiet der Menschen» (GA 102, 1.6.1908). Das heißt, wenn die Querelen und Zersplitterungen unter den Anthroposophen auf der Ebene der Zweige stattfinden, dann bricht die Verbindung mit den Engeln ab; ergreifen die Zerwürfnisse unter ihnen auch die Landesgesellschaften, dann entfernen sich die Erzengel; und erfüllen die Streitigkeiten und Spaltungen das Leben der Weltgesellschaft, dann können sich die Archai-Wesen und vor allem Michael selber ihr nicht mehr nähern. Und weil die Beziehung zu diesen Wesen der dritten Hierarchie bereits in der Michael-Schule karmisch veranlagt wurde, werden die Anthroposophen durch ein derartiges Versagen in bezug auf eine solch zentrale sozial-okkulte Aufgabe der Anthroposophischen Gesellschaft auch ihrem eigenen michaelischen Karma untreu, mit allen sich daraus ergebenden Folgen für sie selbst und die ganze Menschheitsentwicklung.

So stehen wir heute am Beginn einer Zeit, in der «es ... in den Seelen der Menschen selbst liegen [wird], ob sie möglichst vielen solcher höheren Seelen Gelegenheit geben, herunterzusteigen zu den Menschen, oder ob sie es nicht tun» (ebd.). Man kann auch sagen: Die neuen Gruppenseelen sind da, und sie warten auf die Antwort der Menschen, welche diese ihnen nur als ihre gemeinsame Tat aus der sozialen Umsetzung der Anthroposophie geben können. In der Epoche der Freiheit aber sind die Hierarchien selber zunehmend von den Menschen abhängig. Denn sie können nur dann unter ihnen wirken, wenn diese es wirklich wollen und es somit den höheren Geistern auch ermöglichen.

Deshalb wurden bereits in der Michael-Schule auf der Sonne die Seelen der zukünftigen Anthroposophen durch Michael selber in Verbindung mit diesen Geistern der dritten Hierarchie gebracht, um damit die karmische Grundlage zu legen für den Beginn der zukünftigen Zusammenarbeit der Götter mit den Menschen auf der Erde.

*

Zum Schluß möchte ich noch auf eine gesonderte Frage eingehen. In letzter Zeit wurde ich gefragt, ob Rudolf Steiner während der Weihnachtstagung tatsächlich die Begründung der neuen Mysterien vollzogen habe oder ob es nicht vielmehr um eine «Erneuerung» des Mysterienwesens im allgemeinen ging.

Das Besondere der Antwort besteht darin, daß Rudolf Steiner zwar tatsächlich die neuen Mysterien bei der Weihnachtstagung begründete, sich darüber jedoch nicht in Vorträgen und Ansprachen, die er für die Mitglieder der Anthroposophischen Gesellschaft hielt, äußerte, sondern unerwarteterweise im Kreis der Begründer der Christengemeinschaft. So sagte er im dritten Vortrag des Apokalypse-Zyklus zu den Priestern: «Wir haben das gekennzeichnet, was die Christengemeinschaft zum Träger eines wesentlichen Teils der *neuen Mysterien* machen kann» (GA 346, 7.9.1924).

Mit diesen Worten ist eindeutig dokumentiert, daß es für Rudolf Steiner bei der Weihnachtstagung und folglich auch bei der Einsetzung der Freien Hochschule für Geisteswissenschaft um die *neuen* christlichen Mysterien ging. Diese müssen vor allem in der Anthroposophischen Gesellschaft und in ihrer «Seele», der Freien Hochschule[104] gepflegt werden, und zwar so intensiv, daß auch die Priester der Christengemeinschaft daraus *ihre* esoterische Aufgabe besser verstehen und ergreifen können. Denn um einen «Teil» der neuen Mysterien verwirklichen zu können, muß man zunächst «das Ganze» verstehen lernen. Daß dies auch geschehen möge, dazu nahm Rudolf Steiner seinerzeit alle Gründungspriester in die Erste Klasse der esoterischen Schule auf. Damit wollte er ihnen ermöglichen, ihren «wesentlichen Teil» innerhalb der neuen Mysterien aus dem Bewußtsein des Ganzen erfüllen zu können.

Dieses muß aber zuerst in der Anthroposophischen Gesellschaft so kräftig leben, daß die verschiedenen «Teile» der neuen Mysterien aus diesem zentralen Geistquell ihre Nahrung und innere Unterstützung tatsächlich erhalten werden.[105] Daraus können die Mitglieder der Anthroposophischen Gesellschaft entnehmen, welche Verantwortung sie für die Zukunft der neuen christlich-michaelischen Mysterien auf der Erde tragen.

5. Die Weihnachtstagung und das Mysterium der Auferstehung

> Wir haben zwar formell geschlossen,
> aber eigentlich sollte diese Weihnachtstagung
> nie geschlossen sein, sondern immer fortwähren
> in dem Leben der Anthroposophischen Gesellschaft.
> *(Rudolf Steiner, 6. Februar 1924)*

Die Weihnachtstagung 1923/24, auf der die Allgemeine Anthroposophische Gesellschaft begründet wurde, gilt mit Recht als Höhepunkt im Lebensgang Rudolf Steiners wie auch in der Entwicklung der Anthroposophie auf der Erde überhaupt. Zeitlich gesehen fällt dieses Ereignis ins 21. Jahr des irdischen Werdens der Anthroposophie und bedeutet die volle Offenbarung ihres geistigen Wesens (das Offenbarwerden der Kräfte ihres «Ich»).

Rudolf Steiner selbst spricht davon, wie er drei ganze Jahrsiebte[106] habe warten müssen, daß «das eigentlich Esoterische [habe] warten» müssen, damit er endlich mit der Erfüllung seiner eigentlichen Mission in dieser Inkarnation beginnen konnte, was als die Begründung der neuen, geistig unmittelbar an das Mysterium von Golgatha anschließenden christlichen Mysterien dann an der Weihnachtstagung auch geschah. Diese Begründung bedeutete jedoch nicht nur die Mitteilung neuer esoterischer Weisheit, sondern auch eine freie schöpferische Tat im Geiste, eine Tat, die zum erstenmal von einem Erdenmenschen vollzogen wurde und deren höchstes Urbild in der Auferstehung des Christus Jesus auf Golgatha und ihrer Folge, der Geburt des Auferstehungsleibes als «eines neuen Gliedes der menschlichen Natur», besteht.[107]

Seit dieser Zeit führt die Vereinigung mit den Kräften des Auferstehungsleibes den Menschen zum Mitwirken am Prozeß der Vergeistigung der Erde sowie zum allmählichen Entstehen eines völlig neuen Menschengeschlechtes auf ihr – der Gottmenschheit.

Der Grundstein der Liebe

Wie das Mysterium von Golgatha ein makrokosmisches Ereignis war, das nur einmal auf der Erde stattgefunden hat, so ist der Höhepunkt der modernen christlichen Einweihung die mikrokosmische Wiederholung dieser höchsten Tat des Christus im individuellen schöpferischen Tun des Menschen, ganz im Sinne der prophetischen Worte des Christus, daß der Mensch einmal «die Werke auch tun [wird], die Ich tue» (Joh. 14,12).

Genau das ist während der Weihnachtstagung geschehen, als Rudolf Steiner aus den höchsten Kräften der geistigen Welt den «Liebesgrundstein» schuf, der von ihm daraufhin der Allgemeinen Anthroposophischen Gesellschaft zugrunde gelegt wurde. Diese unmittelbare Verbindung der Weihnachtstagung mit dem Wesen des Mysteriums von Golgatha erlaubte es ihm, sie einen «Welten-Zeitenwende-Anfang» zu nennen.

Die Substanz der Liebe, aus der der Grundstein geschaffen wurde, weist auf dessen weitere Aufgabe hin, in der geistigen Welt zur Grundlage eines neuen Kosmos der Liebe zu werden, welcher dereinst in der Zukunft aus dem gegenwärtigen Kosmos der Weisheit entstehen wird, wie es Rudolf Steiner am Ende seines Buches «Die Geheimwissenschaft im Umriß» beschrieben hat. In den letzten Kapiteln der Apokalypse wird dieser künftige Kosmos der Liebe in der großartigen Imagination des «Neuen Jerusalem» dargestellt. Auf der Weihnachtstagung hat Rudolf Steiner dafür einen Grundstein geschaffen. Und nach seiner Übergabe an die Menschen eröffnete er ihnen die Möglichkeit, an diesem Prozeß des Erschaffens eines neuen Kosmos mitzuarbeiten.

Die Grundsteinmeditation

Untrennbar ist mit dem Grundstein die Grundsteinmeditation verbunden. Die geistige Arbeit mit ihr und ihren Rhythmen kann dem Menschen der Gegenwart helfen, auf dem Weg der Selbsterkenntnis das geistige Zentrum seines eigenen Wesens, sein wahres Ich, und durch dieses eine neue Beziehung zum Wesen des Christus als dem «Welten-Ich» und höchsten Urbild des individuellen Ich jedes Menschen zu finden. Im weiteren kann die innere Arbeit mit der Meditation zu einem bewußten Erleben der Anwesenheit und Wirksamkeit des Christus in der eigenen Seele führen, was, neben der Aufnahme der Kräfte des Auferstehungsleibes und dem Mitwirken beim Entstehen des neuen Kosmos, eine der wichtigsten Aufgaben der neuen, christlichen Mysterien ist.

So ergeben sich drei Hauptziele dieser Mysterien:

– das Erleben des Christus in der eigenen Seele als göttliches «Ich-Bin» und höchstes Urbild des menschlichen Ich (seiner unsterblichen Persönlichkeit);
– die Aufnahme der Kräfte des Auferstehungsleibes und das Entstehen der Gottmenschheit;
– die Verwandlung der Erde in den Quellort des neuen Kosmos der Liebe. Die Mitwirkung des Menschen beim Erbauen des «Himmlischen Jerusalem».

Die Weihnachtstagung

Im Verlauf der Weihnachtstagung kann man drei Grundmotive klar erkennen:[108] Jeder Tag begann mit einem esoterischen Teil, dann folgte die gründliche Erörterung und Annahme der Statuten der Allgemeinen Anthroposophischen Gesellschaft, und an den Abenden hielt Rudolf Steiner einen Zyklus von neun Vorträgen mit dem Titel «Die Weltgeschichte in anthroposophischer Beleuchtung und als Grundlage der Erkenntnis des Menschengeistes» (GA 233).

Zum eigentlich esoterischen Gehalt der Weihnachtstagung gehörten in erster Linie die während acht Tagen allmorgendlich abgehaltenen Treffen, deren Wesen man in drei Teile gliedern kann:

- die Erschaffung des Grundsteins durch Rudolf Steiner am Morgen des 25. Dezember 1923;
- das erste Sprechen der Grundsteinmeditation (am selben Tag), die, wenn man innerlich mit ihr arbeitet, zum Erleben des Grundsteins in der an die Erde angrenzenden geistigen Welt führt und danach zu seinem Versenken in das eigene Herz;
- die Rhythmen der Grundsteinmeditation; die innere Arbeit mit ihnen führt zur Befestigung und dem weiteren Gedeihen des Grundsteins in der menschlichen Seele.

Auch der Prozeß der Erschaffung des Grundsteins als esoterischen Mittelpunkts der ganzen Weihnachtstagung ist dreistufig:

- auf der Erkenntnisstufe stellte Rudolf Steiner das dreigliedrige Urbild des irdischen Wesens des Menschen dar;
- auf der schöpferischen Stufe wurde der Grundstein als übersinnliche Realität aus den Kräften der Heiligen Dreifaltigkeit geschaffen;
- auf der abschließenden sozialen Stufe wurde der Grundstein den Mitgliedern der Anthroposophischen Gesellschaft übergeben als ihre geistige Begründung.

Seit dieser Zeit ist jedem Mitglied der Anthroposophischen Gesellschaft die Möglichkeit gegeben, den Grundstein der Weihnachtstagung in den Boden seines Herzens zu legen, wo er ein Bindeglied zwischen dem Menschen und dem Auferstehungsleib als dem geistigen Kern des Mysteriums von Golgatha und dem Quell aller schöpferischen Kräfte des künftigen Kosmos werden kann.

Die Anthroposophische Gesellschaft

Wie aus den Angaben Rudolf Steiners folgt, kann eine solche Grundsteinlegung in das eigene Herz nur als Ergebnis der freien Entscheidung eines Menschen und seiner individuellen inneren Bemühungen erfolgen. Wenn sie aber vollzogen ist, dann wirkt dieser Grundstein im Herzen sogleich als Grundstein für die Menschengemeinschaft, die Rudolf Steiner Allgemeine Anthroposophische Gesellschaft nannte. Dann wird er zur geistigen Grundlage jener neuen Gemeinschaft, welche als ihre Aufgabe die Entwicklung der neuen christlichen Mysterien auf der Erde hat, die ihre Impulse aus den Kräften des gegenwärtigen Zeitgeistes schöpfen. Und das ist das sonnenhafte «Antlitz des Christus» – der heute die Menschheit führende Erzengel Michael.

Wenn die Mitglieder der Anthroposophischen Gesellschaft, den Anweisungen Rudolf Steiners folgend, den Grundstein wirklich in ihre Herzen einpflanzen und danach auf dieser unerschütterlichen Grundlage in allen anthroposophischen Tätigkeiten stehen werden, dann wird die Anthroposophische Gesellschaft so sein, wie ihr Begründer sie am Ende der Weihnachtstagung charakterisierte: «eine kräftige, leuchtende»[109] Gesellschaft, die ihre Aufgaben im Sinne von Christus und Michael in der Welt erfüllen kann.

Eine Helferin auf diesem Wege kann den Anthroposophen das übersinnliche Wesen «Anthroposophia» sein, das als die gegenwärtige Gesandte der himmlischen Sophia unsichtbar anwesend war, die ganze Weihnachtstagung von Anfang bis Ende überleuchtend.[110] Deshalb hat Rudolf Steiner sich während der Grundsteinlegung zweimal unmittelbar an sie gewandt, indem er sie nicht wie gewöhnlich Anthroposophie, sondern bei ihrem geistigen Namen ‹Anthroposophia› nannte.

So wurde die Weihnachtstagung von Rudolf Steiner unter dem Zeichen jener drei Wesenheiten durchgeführt, welche von allem Anfang an die ganze Anthroposophische Bewegung inspirierten: Christus, Sophia, Michael.

Aus dem Russischen von Andrea Leubin

Anhang 1

Von den esoterischen Hintergründen der elektronischen Medien

«Die Unter-Natur muß als solche
begriffen werden.»
Rudolf Steiner, März 1925[111]

Einleitende Bemerkung

Der Leser der vorliegenden Arbeit wird sich vielleicht fragen, welche Beziehung zu den in ihr dargestellten Themen dieser Anhang haben kann. Die Antwort findet sich im letzten Kapitel derselben, wo gezeigt wird, wie die Suche nach einer geistigen Beziehung zu Rudolf Steiner sowie zu seiner wichtigsten esoterischen Tat auf der Erde – die Weihnachtstagung als Grundsteinlegung für die Anthroposophische Gesellschaft – das geistige Mittel werden kann, um ein notwendiges Gegengewicht zu dem Computer- und Internetwesen sowie zu der Veröffentlichung der esoterischen Texte Rudolf Steiners in elektronischer Form zu schaffen.

Das esoterische Wesen des Internets

Das Wesen des Internets läßt sich esoterisch am besten auf Grundlage des Vortrages verstehen, den Rudolf Steiner am 13. Mai 1921 in Dornach gehalten hat.[112] In diesem Vortrag beschreibt er, wie die weitere Entwicklung des heutigen abstrakten Intellekts, der eigentlich nur «automatisch» wirken kann und an sich «bloß schattenhaften» Charakter hat, mit dem man nur das Mineralische als solches und niemals das Lebendige, geschweige denn das Seelische oder Geistige begreifen kann, allmählich eine Art neuen Naturreichs erzeugen wird. Dieses gespenstige Naturreich wird sich zwischen dem mineralischen und pflanzlichen Reich bilden und nach der Wiedervereinigung des Mondes mit der Erde im 7. bis 8. Jahrtausend lebendig werden.

Die Imagination vom Spinnennetz

Es ist fast erschreckend, wie genau und zutreffend in bezug auf die heutige Weltsituation Rudolf Steiner dieses gespenstige Reich beschrieben hat: «Und aus der Erde wird aufsprießen ein furchtbares Gezücht von Wesenheiten, die in ihrem Charakter zwischen dem Mineralreich und dem Pflanzenreich drinnen stehen als automatenartige Wesen mit einem überreichlichen Verstande, mit einem intensiven Verstande. Mit dieser Bewegung, die über der Erde Platz greifen wird, wird die Erde überzogen werden wie mit einem Netz, einem Gewebe von furchtbaren Spinnen, Spinnen von einer riesigen Weisheit, die aber in ihrer Organisation nicht einmal bis zum Pflanzendasein heraufreichen, furchtbare Spinnen, die sich ineinander verstricken werden, die in ihren äußeren Bewegungen alles das imitieren werden, was die Menschen ausdachten mit dem schattenhaften Intellekt, der sich nicht anregen ließ von demjenigen, was durch eine neue Imagination, was überhaupt durch Geisteswissenschaft kommen soll. All dasjenige, was die Menschen an solchen Gedanken denken, die irreal sind, das wird wesenhaft. Die Erde wird überzogen sein … mit furchtbaren mineralisch-pflanzlichen Spinnen, die sehr verständig, aber furchtbar bösartig sich ineinander spinnen. Und der Mensch … wird sein Wesen mit diesen furchtbaren mineralisch-pflanzlichen Spinnengetieren vereinigen müssen.»[113] Diese Spinnengetiere werden dann ausgesprochen ahrimanischen Charakter haben.

Liest man heute, in der Zeit der weltweiten Verbindungen durch Computer und Internet, diese prophetischen Worte des Geistesforschers, kann man bestürzt sein, wie schnell diese Prophezeiung begonnen hat Wirklichkeit auf der Erde zu werden. Es ist, als ob Rudolf Steiner mit seinem Geistesblick das heutige Internet von jenseits der Schwelle geschaut und ganz genau beschrieben hätte, dabei die Menschen ausdrücklich warnend, daß in nicht allzu ferner Zeit, mit der erneuten Vereinigung von Mond und Erde, dieses ganze Internet-Computergewebe und überhaupt alles das, was mit der Entwicklung des künstlichen Intellekts verbunden ist, plötzlich lebendig werden wird, und der Mensch «wird sein Wesen mit diesen furchtbaren mineralisch-pflanzlichen Spinnengetieren vereinigen müssen».

Berücksichtigt man, wie viele Menschen, vor allem Jugendliche, schon regelrecht computersüchtig sind und sehr viel Zeit am Bildschirm verbringen, ohne den ausreichenden Willen zu haben, sich auch wieder davon zu trennen, dann kann man sich vorstellen, wie unendlich viel größer die Abhängigkeit von diesem spinnenhaften Reich sein wird, wenn in der Zukunft dieses ganze Gewebe lebendig werden wird. Dann wird der Mensch kaum eine Chance haben, wieder davon loszukommen. Das erschreckende Bild eines Insektes im Netzgewebe einer großen und gierigen Spinne, das sich vergeblich zu befreien sucht, ergibt eine zutreffende Vorstellung dieser Zukunft der Menschheit. Und es wird eine ganz besondere Aufgabe sein, mit Mitteln der weißen Magie solche Menschen aus ihrer Verbindung mit diesen Wesen zu befreien.

Absichtlich geschaffen

Nun weist Rudolf Steiner in dem erwähnten Vortrag auch darauf hin, daß es in der Menschheit gewisse okkulte Kreise gibt, die von dieser auf die Menschheit zukommenden Gefahr wohl wissen und sie durch absichtliche Geheimhaltung bewußt fördern wollen. «Denn es gibt auch solche [Menschen], welche durchaus die bewußten Verbündeten des Verspinntwerdens des Erdenmenschendaseins sind.»[114]

Nimmt man diese Worte Rudolf Steiners ernst, dann besteht kein Zweifel, daß eben diese okkulten Kreise, welche die oben beschriebenen Geheimnisse kennen und doch die Menschheit gerade in jene unselige Richtung stoßen wollen, für das Internet, als dem passendsten Vehikel für das Erreichen dieser Zukunft, auch den entsprechenden Namen gefunden haben und wie einen geheimen Code verbreiten ließen: www – world wide web (weltweites Spinnengewebe).

Meines Erachtens gehören diese okkulten Kreise zu denjenigen geheimen Bruderschaften des englischsprachigen Westens, über die – und ihre okkult-politischen Absichten – Rudolf Steiner so viel Aufklärendes in seinen Vorträgen während des Ersten Weltkrieges gesagt hat.[115] Damit ist aber nicht gemeint, daß diejenigen, welche dem Internet diese Benennung gegeben haben, selber zu diesen okkulten Kreisen gehören müssen. Solche Menschen sind meistens mehr oder weniger Randfiguren, die lediglich benutzt werden, ohne überhaupt etwas davon zu wissen. Man kann sich auch fragen, ob nicht aus dem gleichen Quell noch einige andere Bezeichnungen in die Welt gekommen sein könnten, wie zum Beispiel eine Hotel-Kette in Deutschland mit dem Namen «Sorat» (das größte Hotel derselben befindet sich im Zentrum Berlins) oder weltweit verbreitete Satelliten-Antennen, auf deren Tellermitte mit großen Buchstaben der Name «SatAn» geschrieben steht; oder in Computersystemen trifft man vermehrt auf dämonische Bilder und Worte: zum Beispiel bei dem Internetbrowser «Mozilla» den Kopf eines roten Drachen[116] und anderes mehr.

Am Schluß des zitierten Vortrages erwähnt Rudolf Steiner noch, als ob er die späteren Einwände einiger Anthroposophen diesem Tatbestand gegenüber voraussähe: «Die Menschen möchten die Augen verschließen vor diesen Dingen, möchten sagen: Nun, die Dinge haben doch nicht diese Bedeutung. Aber die Zeichen sind eben durchaus da, und die Zeichen sollten von den Menschen verstanden werden.»[117] Und zu solchen Zeichen, die heute klar gesehen und unbedingt verstanden werden müssen, vor allem von Anthroposophen, gehört noch das Folgende.

Nach der okkulten Lehre der Kabbala haben alle hebräischen Buchstaben ihre Zahlenentsprechungen. Rudolf Steiner stellt dies ausführlich im 11. Vortrag seines Apokalypse-Zyklus dar, wo es um die Entzifferung des Namens des Sonnendämons – «Sorat» – geht.[118] Bei dieser Gelegenheit wies er darauf hin, daß das Zahlenäquivalent des Buchstabens w (auf hebräisch waw) 6 ist. Daraus ergibt sich, daß die okkulte Bedeutung von «www» – «666» ist, der Name des Tieres aus dem Abgrund, von dem in der Apokalypse geheimnisvoll gesagt wird: «Hier ist Weisheit. Wer Verstand hat, der überlege die Zahl des Tieres; denn es ist eines Menschen Zahl, und seine Zahl ist sechshundertsechsundsechzig.»[119] Der Hinweis auf eines «Menschen Zahl» heißt hier, daß das Tier, das selber keine menschliche Natur besitzt, etwas, was vom Menschen herrührt, für seine Angriffe gegen die Menschheit benutzen wird. Und dazu gehört meines Erachtens auch das Internet und überhaupt alles, was mit künstlicher Intelligenz zu tun hat.

Daraus folgt, daß die Absichten der erwähnten okkulten Kreise sich nicht bloß auf das geistige Einspinnen der Menschheit beziehen, sondern auch darauf, das ganze Unterfangen schlußendlich in den Dienst von Sorat zu stellen. Da aber Letzterer der Gegner des Ich-Prinzips schlechthin ist, muß das Einspinnen der Menschheit in die lebendig gewordene künstliche Intelligenz unweigerlich zum allmählichen Ich-Verlust führen.

Binden an die Unternatur

Daß die Digital-Industrie genau in diese Richtung gesteuert wird, ist immer klarer zu erkennen. Zur Zeit werden noch solche Chips als Grundlage des Computers produziert, in denen vor allem Elektrizität als Informationsträger beziehungsweise Speicher benutzt wird. Die nächste Generation von Chips steht jedoch bereits vor der Tür. In ihnen wird nicht allein Elektrizität, sondern auch Licht als Informationsträger verwendet. Dadurch wird ein Chip von gleicher Größe tausendfach mehr Informationseinheiten beinhalten können. Dies ist aber nicht der Höhepunkt der diesbezüglichen Entwicklung, denn es gibt bereits Firmen, die daran arbeiten, daß die Chips der Zukunft nicht mehr Licht, sondern mikrobiologische Elemente als Informationsträger haben werden. Diese neuen «biologischen Chips» werden noch unendlich viel mehr Informationseinheiten als die «Licht-Chips» in sich tragen. Dabei werden diese «Bio-Chips» aufgrund ihrer Durchdringung mit Elektrizität zweifellos von Anfang an fest an die Unternatur gebunden sein. So geht die ganze Entwicklung unmißverständlich in Richtung der oben angeführten Imagination Rudolf Steiners über das die Erde umspannende und später belebte Spinnengewebe.

Elektronisch zusammengepreßt

Etwas ähnliches, obwohl in anderer Form, geschieht bei einer CD, DVD oder dem externen Speicherlaufwerk HDD (Hard Disk Drive). Um zu verstehen, worum es hier eigentlich geht, muß man berücksichtigen, daß, als die früher von Michael verwaltete kosmische Intelligenz von der Sonne auf die Erde herunter kam und dort menschliche Intelligenz wurde,[120] sie durch einen gewaltigen Prozeß des Zusammenziehens oder Verengens ging. Diese Intelligenz wird, soweit sie im Menschen nicht von Ahriman ergriffen wird, nach dem Tode des Menschen bei der Ausdehnung seines Ätherleibes im Kosmos auf «natürliche Weise» immer wieder frei, also in einem Prozeß, der dem des Zusammenschrumpfens entgegengesetzt ist. Nur im Vollzug des modernen Schulungsweges, der die Entwicklung des lebendigen Denkens beinhaltet, kann diese Ausweitung der Gedanken zurück in die geistige Welt bereits während des Erdenlebens bewirkt werden, wo eine *bewußte* Verbindung des Menschen mit dem Kosmos und dort mit Michael selbst geschehen kann.

Dem wirken, vor allem nach 1998 (3 x 666), die dem Sorat

dienenden ahrimanischen Mächte entgegen.[121] Denn Ahriman möchte, indem er die Kräfte der Unternatur dazu benutzt, die michaelische Intelligenz mit der von ihm geschaffenen künstlichen Intelligenz durchdringen, die unter anderem in der Digitalisierung des Gedankenwesens besteht. Für ihn ist das einer der Wege, wie er die irdisch gewordene michaelische Intelligenz in seine Macht bekommen will. Anfänglich war ihm dies bereits einmal durch die Fixierung der menschlichen Gedanken mittels der Druckkunst gelungen, aber jetzt durch ihre Digitalisierung jedoch noch sehr viel weitergetrieben wird. «Denn was will Ahriman gegenüber dem Michael durch die Druckkunst? Er will – Sie sehen es heute überall aufsprießen – die Eroberung der Intelligenz, jene Eroberung der Intelligenz, welche überall dort besonders eingreifen will, wo die Verhältnisse dazu günstig sind.»[122] Und solche günstigen Verhältnisse findet Ahriman heutzutage vor allem in der Welt der Computer- und Digitalindustrie.

Anthroposophische Inhalte

In der Digitalisierung des Werkes von Rudolf Steiner, dieser größten auf der Erde existierenden Gesamtausgabe, ist der Prozeß des im ahrimanischen Sinne «Zusammengepreßtseins» fast mit Händen zu greifen. Diese Gesamtausgabe umfaßt heute ca. 350 Bände; um sie auf einer gewöhnlichen CD zu speichern, benötigte man eine größere Anzahl von Disks. Durch die DVD-Technologie kann man jedoch alle 350 Bände auf nur zwei bis drei zusammenpressen. Und auf einer HDD bleibt neben allen Bänden auch noch genügend Platz für den gesamten künstlerischen Nachlaß. Entwickelt man nur etwas Gefühl für die spirituelle Seite der Sache, dann kann man beim bloßen Nachdenken darüber fast physische Schmerzen empfinden.
Gleichzeitig wird diese unglaubliche Fixierung und Zusammenpressung der geistigen Inhalte, im Gegensatz zur Druckkunst – die, wenn auch bereits ahrimanisch geprägt, jedoch durch die Art, wie sie ursprünglich erfunden und benutzt wurde und wird,

bis zu einem gewissen Grad mit der Naturwelt verbunden bleibt –, dadurch erreicht, daß durch CD, DVD und Computer alles noch viel tiefer in die Unternatur hinuntergerissen wird. Dort jedoch besitzen die ahrimanischen Mächte eine außerordentliche Gewalt, womit sie in nächster Zukunft noch viel größere technische «Wunder» hervorbringen werden, als dies bisher der Fall war.

Man darf dabei nicht der Illusion verfallen, man könne in gleicher Weise das Internet oder die CD/DVD «adeln», wie Rudolf Steiner dies für die Druckkunst andeutete. Denn im Reiche der Unternatur sind die Hindernisse bedeutend größer. Einer der Gründe ist, daß die Hauptbedingung, die Rudolf Steiner für die Adelung der Druckkunst angibt, in diesem Falle so gut wie gar nicht zu erfüllen ist: «Wir müssen durch heilige Gesinnung gegenüber dem, was da in der Michael-Weisheit lebt, die Druckkunst adeln!»[123] Bei Internet, DVD oder HDD hingegen wird der Inhalt lediglich auf die Ebene von bloß abstrakter Information, die zudem noch völlig zerstückelt wird, reduziert (hier taucht sogleich das Bild des durch Typhon zerstückelten Osiris auf), und somit auf eine Weise unter den Menschen verbreitet, der gegenüber eine «heilige Gesinnung» von vornherein so gut wie unmöglich ist.

«Irrwahn der Zweizahl»

Schaut man vor diesem Hintergrund auf das Wesen des Computers selbst, das heißt auf die Art, wie in ihm Information bearbeitet und gespeichert wird, dann findet man, daß dort alles auf die Dualität (1, 2) aufgebaut ist, die dann rein quantitativ, durch unendliche Wiederholung in verschiedener Kombination, endlos vermehrt werden kann. Dieses Prinzip, das die Grundlage des Computerwesens bildet, bezeichnete Rudolf Steiner als «Irrwahn der Zweizahl».[124] Damit ist auch diejenige Kraft in der Menschheitsentwicklung direkt verbunden, die in unserer Zeit am stärksten gegen den Michael-Impuls kämpft, welcher selbst immer mit der Zahl «Drei» verbunden ist. «Es ist ja eingezogen in dieses neuere Bewußtsein der Menschheit der Irrwahn der Zweizahl, und es ist hintangehalten worden die Wahrheit von der Dreizahl.»[125] Und daraufhin beschreibt Rudolf Steiner weiter, wie alles, was aus Michael-Inspirationen kommt, immer dreifach ist: Sei es die Dreigliederung des sozialen Organismus, die Dreiheit der Gestalten in der Skulpturgruppe Rudolf Steiners, die Gliederung der Grundsteinmeditation und vieles andere mehr.

Hier hat die Anthroposophische Gesellschaft und vor allem die Hochschule eine ganz besondere Aufgabe: Dem ahrimanischen Prinzip der Zweiheit, das vor allem durch das Computerwesen weltweite Verbreitung gefunden hat, das michaelische Prinzip der Dreiheit als wichtigstes Bauelement einer zukünftigen spirituellen Kultur bewußt entgegenzustellen und auf allen Gebieten des menschlichen Lebens und Tuns zu verwirklichen.

Die Inkarnation Ahrimans

Über die Zweizahl sagt Rudolf Steiner weiter in demselben Vortrag: «Das alles, was in diesem Irrwahn wirkt, das ist im Grunde genommen Schöpfung der ahrimanischen Einflüsse, jener Einflüsse, die sich einstmals konzentrieren werden in der Inkarnation des Ahriman, von der ich Ihnen schon gesprochen habe.»[126] Daraus folgt, daß die ganze Computer- und Internet-Industrie heute das wirksamste Mittel ist, um die bevorstehende Inkarnation Ahrimans vorzubereiten beziehungsweise seine irdische Tätigkeit unter für ihn möglichst günstigen Bedingungen verlaufen zu lassen. Denn das sich durch das Internet um die Erde herum bildende Netz der ahrimanischen Spinnenwesen wird von Anfang an in einer direkten Verwandtschaft stehen zu dem im physischen Leibe erscheinenden Ahriman, ihm besonders erfolgreich dienen und ihm ausgesprochen günstige Wirkensmöglichkeiten bieten.

Schon heute findet man im Internet die gemeinsten und verleumderischsten Angriffe gegen Rudolf Steiner selbst, die Anthroposophie, die Waldorfschulen und andere anthroposophische Einrichtungen und Tochterbewegungen. Und diese weltweite Verbreitung und schädliche Wirkung ist mit der früheren, mittels der Druckkunst, nicht zu vergleichen. Es besteht kein Zweifel, daß dies in nächster Zukunft sich noch weiter verstärken wird, vor allem mit dem Erscheinen der Gesamtausgabe im Internet und auf HDD, da dann das Gesamtwerk Rudolf Steiners unmittelbar und rasch «auffindbar» zum Durchsuchen nach vermeintlich «angreifbaren Stellen» ohne jegliche Mühe zur Verfügung stehen wird.

Das Umgehen mit dem Computer

Das Gesagte bedeutet jedoch nicht, daß man deshalb den Computer oder das Internet meiden oder gar nicht benutzen solle. Sie gehören zu unserer gegenwärtigen Zivilisation und zählen doch mit zu den größten ahrimanischen Versuchungen, die heute auf die Menschheit zukommen und in der Zukunft noch weit mehr zukommen werden.

Entscheidend ist nur, wie auch bei vielen ähnlichen Problemen, vor die uns die heutige Zivilisation stellt, ob der Mensch die Dinge beherrscht (hier Computer und Internet) oder diese den Menschen beherrschen werden. Letzteres geschieht um so leichter als der Mensch dazu neigt, das von Rudolf Steiner Mitgeteilte nicht ernst genug zu nehmen oder sogar zu ignorieren und infolgedessen selber nicht mehr zu bemerken, was er auf diesem Gebiet in Wirklichkeit tut. Will er seine Autonomie dem Computerwesen gegenüber behalten, so muß der Mensch ganz genau unterscheiden, was hier als rein technische Hilfe für seine Arbeit nötig ist, oder wo er die Grenze überschreitet, hinter der, zunächst oft fast unbemerkt, die ahrimanische Verführung beginnt die Überhand zu gewinnen. In letzterem Falle läuft der Mensch Gefahr, immer mehr, und meistens ohne sich dessen bewußt zu sein, ein Instrument für ihm fremde Zwecke zu werden, so daß er selber allmählich in die Unternatur «mitgleitet».[127]

Im Vortrag vom 13. Januar 1924 (GA 233 a) zählt Rudolf Steiner die wichtigsten anti-michaelischen Impulse der Gegenwart auf: Alles, was mit der Vererbung verbunden ist, alle Formen des Nationalismus, das mechanische Denken in bloßen Worten und schließlich den Umgang mit der Schrift. Vor allem das Letztere kann besonders effektiv verhindern, daß der Mensch zum Lesen im Astrallicht aufsteigt und dadurch in die Nähe von Michael kommt. Deshalb erwähnt Rudolf Steiner an dieser Stelle, daß in der Umgebung von gewissen Rosenkreuzerschulen den Kindern das Schreiben erst nach dem 14./15. Lebensjahr beigebracht wurde, um damit ihre höheren geistigen Fähigkeiten nicht zu verderben. Aus dem gleichen Grunde fängt man in der Waldorfschule mit dem Malen der Buchstaben an, bevor man mit dem Schreiben beginnt.

Ein erster Schritt in diese anti-michaelische Richtung geschah in der Druckkunst, die mit ihrer ahrimanisierenden Tendenz unmittelbar von der gegen Michael wirkenden unterirdischen «ahrimanischen Gegenschule» inspiriert ist: «Man muß in der Druckkunst zwar eine geistige Macht sehen, aber eben die geistige Macht, die von Ahriman dem Michael entgegengestellt worden ist.»[128]

Es ist in der heutigen Welt bereits zu bemerken, daß diese ahrimanisierende Tendenz in den modernen, digitalisierten Formen der Druckkunst ihre weitere Fortsetzung finden und sogar eine gewisse Kulmination erreichen wird, um noch viel effektiver ihr Ziel verfolgen zu können: Den Menschen von der Fähigkeit im Astrallicht lesen zu können, um auf diese Weise Michael in der geistigen Welt zu begegnen, abzutrennen.

Die neuen Imaginationen

Daß das Internet der michaelischen Sphäre in der geistigen Welt nicht nur polar entgegengesetzt ist, sondern sogar ihr ahrimanisches Gegenbild darstellt, geht aus der Beschreibung Rudolf Steiners über das Wesen der kosmischen Intelligenz hervor: «Intelligenz sind die gegenseitigen Verhaltensmaßregeln der höheren Hierarchien. Was die tun, wie sie sich zueinander verhalten, wie sie zueinander sind, das ist kosmische Intelligenz.»[129] Eine ähnliche Funktion, aber jetzt unter den Menschen auf der Erde, beansprucht heute in zunehmendem Maße das Internet. Hier wird auf rein ahrimanische Weise ein weltweites Netz geschaffen, durch das möglichst viele Menschen miteinander verbunden sind, aber in der Art, daß dadurch die ganze Menschheit vom Kosmos und den Hierarchien mehr und mehr abgeschnitten und in das eingesponnen wird, was oben als ahrimanisches Spinnennetz beschrieben wurde.

Die michaelische Intelligenz ist aus der geistigen Welt auf die Erde gekommen, um dem Menschen das Erlangen der Freiheit in der Erkenntnis zu ermöglichen. In den elektronischen Medien wird jedoch das absolute Gegenbild der michaelischen Intelligenz künstlich erzeugt, eine Intelligenz, die rein ahrimanischen Ursprungs ist. Folglich wird die Menschheit in zunehmendem Maße von der Möglichkeit, die wahre geistige Welt mit ihrem Denken zu erreichen, abgetrennt. Und da diese Abtrennung immer weiter fortschreitet, «wird der menschliche Intellekt [auch in anthroposophischen Zusammenhängen] immer schattenhafter und schattenhafter.»[130] Vor allem seit der weltweiten Einführung des Computerwesens hat sich dieser Prozeß ungemein beschleunigt. Um dem entgegenzuwirken, ist es notwendig, in die heutigen «schattenhaften Verstandesbegriffe» und «schattenhaften intellektuellen Vorstellungen» die «neuen Imaginationen» der Geisteswissenschaft aufzunehmen.[131] Beim Einpressen der anthroposophischen Inhalte auf DVD oder HDD werden die lebendigen Imaginationen der Anthroposophie stattdessen jedoch als rein intellektuelle «Informationen» in das Weltspinnennetz wie in ein okkultes Gefängnis gesperrt.

Das Besondere der Klassentexte

Aus der vorher dargestellten Lage der Dinge kann man die Veröffentlichung der Klassentexte (auch der Rituale und anderer esoterischer Texte Rudolf Steiners) auf HDD als besonders tragisch erleben. Denn Rudolf Steiner hebt den grundsätzlichen Unterschied zwischen diesen Inhalten und seinen übrigen geisteswissenschaftlichen Vorträgen ganz besonders hervor. Die Letzteren sind den Menschen in Gedanken- oder Ideenform gegeben und daher von Anfang an wie von einer sie schützenden Hülle umgeben. (Deshalb konnte Rudolf Steiner sich nach der Weihnachtstagung auch zu ihrer generellen Veröffentlichung entschließen). Mit den Inhalten der Klassentexte verhält es sich jedoch völlig anders. In ihnen haben wir eine Substanz, die unmittelbar von Michael selbst (aus der übersinnlichen Michael-Schule) kommt und somit ihre ursprüngliche Form der Imaginationen behält, was einen gänzlich anderen Umgang damit erforderlich macht.

Auf diese grundlegende Eigenschaft der Klasseninhalte weist Rudolf Steiner in folgenden Worten hin: «Es wird daher im allgemeinen so sein müssen, daß der Mensch die geistige Welt zuerst in der Ideenform kennenlernt. In dieser Art wird die Geisteswissenschaft in der Allgemeinen Anthroposophischen Gesellschaft gepflegt. Es wird aber Persönlichkeiten geben, die teilnehmen wollen an den Darstellungen der geistigen Welt, die von der Ideenform aufsteigen zu Ausdrucksarten, die der geistigen Welt selbst entlehnt sind ... Für solche Persönlichkeiten werden die drei Klassen der ‹Schule› da sein. Da werden die Arbeiten aufsteigend einen immer höheren Grad der Esoterik erreichen. Die ‹Schule› wird den Teilnehmer hinaufleiten in die Gebiete der geistigen Welt, die nicht durch die Ideenform geoffenbart werden können. Bei ihnen tritt die Notwendigkeit ein, Ausdrucksmittel für Imaginationen, Inspirationen und Intuitionen zu finden.»[132] Dementsprechend muß der Umgang mit den Klasseninhalten von dem mit dem allgemeinen Vortragsgut Rudolf Steiners grundsätzlich verschieden sein. Aus diesem Grund betonte er nach

Freigabe seiner Vorträge um so schärfer die Notwendigkeit dieses so ganz anderen Verhaltens den Klasseninhalten gegenüber.

Gefahren und Aufgaben

In einem privaten Gespräch wies Rudolf Steiner einmal auf die größte künftige Gefahr für die Anthroposophie hin: ihre zunehmende Intellektualisierung, wodurch sie Ahriman, dem Herrn des Todes, übergeben wird.[133] Die Herausgabe des Werkes von Rudolf Steiner im Internet und auf HDD bringt die erhöhte Gefahr mit sich, daß damit einem weiteren Schritt zur Intellektualisierung und Zerstückelung der Anthroposophie Vorschub geleistet wird.

Diesem Geschehen muß deshalb verstärkt eine bewußte Intensivierung der esoterischen Arbeit entgegengestellt werden sowie die sorgfältige und jegliche Intellektualisierung vermeidende Studienarbeit an den Texten Rudolf Steiners. Er selbst erwartete von seinen Schülern einen solchen Umgang mit seinem Werk: Nicht mit dem abstrakten und immer schattenhafter werdenden Intellekt, sondern mit den «Herzen», die im michaelischen Sinne «beginnen Gedanken zu haben»[134], um damit das Vermögen zu erlangen, zu den wahren Imaginationen aufzusteigen.

Nur dadurch wird im Menschen selbst ein Ort entstehen, wo das anthroposophische Weisheitsgut vor Sorat und den ihm dienenden ahrimanischen Mächten geschützt wird, um in der Menschheit weiter leben zu können. Eine solche Pflege der Anthroposophie kann eine primäre Aufgabe aller Gruppen der Anthroposophischen Gesellschaft sein.

Das notwendige Gegengewicht

Der Siegeszug des Computerwesens durch die Menschheit nimmt heute wahrlich atemberaubende Dimensionen an. Durch die zunehmende Computerisierung auch Chinas, Indiens und Südamerikas schreitet diese Entwicklung von Kulmination zu

Kulmination voran. Dabei tritt der Computer für immer mehr Menschen an die Stelle von Kino (auch als Video) und Fernsehen. Und vieles weist darauf hin, daß mit Licht- und später sogar Biochips (siehe auch weiter vorne in diesem Kapitel) ausgerüstet, der Computer alle anderen Medien mehr und mehr verdrängen und dann endgültig ersetzen wird.

In diesem Sinne müssen die folgenden Worte Rudolf Steiners, die damals primär Film und Kino betrafen, heute unbedingt auch auf das Wesen des Computers in diesem erweiterten Sinne bezogen werden: «Viele Erscheinungen des heutigen Kulturlebens wirken zerstörend, zum Beispiel insbesondere auch die Lichtbilder, die den Ätherleib durchaus schädigen. Lichtbilder erregen auch die Sinnlichkeit». Und direkt danach weist Rudolf Steiner darauf hin, was hier dem Menschen helfen kann: Eine wahre, aus der geistigen Welt inspirierte Kunst und die Geisteswissenschaft, die ihm den notwendigen inneren Halt auch bei der Überflutung mit elektronischen Medien zu geben vermag. «Echte Kunst kann das, was aus den höheren Welten kommt, zum Heile der Menschen versinnlichen. In der geisteswissenschaftlichen Weltanschauung arbeiten wir im Verein mit übersinnlichen Mächten. Nichts gibt einen festen Schutzpunkt im Innern als die Geist-Erkenntnis ... Doch nur durch eigene innere Tätigkeit im wachen Innern kann die Seele einen festen Stützpunkt finden. Geisteswissenschaftliche Stimmung gibt den Menschen einen Halt und macht sie zufrieden, denn sie haben eine feste Stütze im eigenen Innern durch das, was ihnen die Geisteswissenschaft gibt, die der Seele so nötig ist wie dem Leibe das tägliche Brot» (GA 130, 29.1.1911).

Der Materialismus, der durch die weltweite Verbreitung des Computerwesens ungemein gefördert wird, geht einher mit dem Erschaffen einer «Virtual Reality», in welcher der Mensch, um sich vor dem ihn umgebenden Materialismus zu schützen – ohne sich dessen bewußt zu sein –, gerne seine Zuflucht finden möchte. So verbringt er immer mehr Zeit in der Schattenwelt der grenzenlosen Träumerei, um allen ihn sonst quälenden Problemen und Fragen zu entfliehen. Die Folge davon aber ist, daß dadurch nach und nach die wildesten Triebe im Menschen zum Vorschein kommen werden. Auf diese Gefahr weist Rudolf Steiner hin: «Das steigert sich von der Träumerei trunkener Menschen bis hin zum wilden Hang zum Verbrechen, weil die Gegner der Archai in dieser Art in der sinnlichen Welt wirken» (ebd.). Das ist das Wirken der ahrimanischen Wesenheiten, die sich heute gegen den michaelischen Zeitgeist auflehnen und dafür alle erdenklichen Mittel benutzen. Und zu solchen gehören in unserer Zeit vor allem Computer und Internet.

Diese Entwicklung wird man jedoch keinesfalls verhindern, noch vermeiden können. «Jeder Mensch muß seinen Platz in der Welt erfühlen, muß etwas erleben von dem, was in der charakterisierten Weise in die Menschheit hereinstürmt. Haltlosigkeit, Unsicherheit, Verlieren des Gleichgewichts werden sonst allgemein werden. Menschen, die zwischen Schwärmerei und Materialismus schwanken, finden sich nirgends zurecht» (ebd.). Deshalb geht es nicht darum – und dies muß hier nochmal in aller Deutlichkeit betont werden –, vor dem Computer- und Internetwesen zurückzuschrecken, oder es zu meiden. Es geht zunächst eher darum, in bezug auf die technischen Möglichkeiten, die von Internet und Computer ausgehen, nicht in Euphorie und Schwärmerei zu verfallen, die sich bis zu einer regelrechten Sucht steigern können, sondern für das im Materiellen Notwendige ein entsprechendes Gegengewicht im Geiste zu schaffen.[135]

Es muß hier vor allem auf drei negative Folgen des Computerwesens in seiner erweiterten Verwendung (auch als «Lichtbilder»-Erzeuger) hingewiesen werden. Es bewirkt im Menschen:

- Passivität des Denkens,
- Zerstörung der imaginativen Fähigkeiten und
- Schwächung des Willens.

Alle drei Eigenschaften haben einen ausgesprochen anti-michaelischen Charakter. Aus dem Folgenden kann man dies klar ersehen. So erwartet Michael als der «feurige Gedankenfürst des Weltalls» (GA 26, Seite 62), daß die Menschen die ihnen zum freien Gebrauch überlassene Intelligenz zum aktiven Begreifen der geistigen Welt verwenden, so daß dadurch eine bewußte Beziehung zu Michael und seiner Geistsphäre erreicht wird.

Auch ist Michael direkt daran beteiligt, daß, beginnend mit unserer Zeit, «in das allgemeine intellektuelle Menschheitsbewußtsein die Kraft der Imagination einziehen» wird (a. a. O., Seite 215). Denn zu den wichtigsten Aufgaben der restlichen Jahrhunderte der fünften nachatlantischen Epoche gehört der entscheidende Schritt zum Ergreifen der bewußten Imaginationen, mit denen die Menschheit das geistige Reich bewußt betreten kann, in dem heute der ätherische Christus wandelt.

Ebenso in bezug auf den Willen des Menschen hat Michael heute eine bedeutende Tat zu vollbringen: «Es ist Michaels Aufgabe, den Menschen auf den Bahnen des Willens dahin wieder zu führen, woher er gekommen ist, da er auf den Bahnen des Denkens von dem Erleben des Übersinnlichen zu dem des Sinnlichen mit seinem Erdenbewußtsein heruntergestiegen ist» (GA 26, Leitsatz 105). Mit anderen Worten: Michael möchte die Menschheit heute auf den Bahnen des Willens, wo es vor allem um den Willen im Denken geht, vom Sinnlichen wieder zum Erleben des Übersinnlichen in einer neuen, bewußten Form hinaufleiten.

Aus dem Gesagten folgt, daß die drei Schwächungen des inneren Wesens des Menschen, die als Folge einer überwiegenden Beschäftigung mit den elektronischen Medien auftreten, einen ausgesprochen anti-michaelischen Charakter haben. Deshalb ist es von entscheidender Bedeutung, ihnen aus der Geisteswissenschaft, welche ihren Ursprung bei Michael selber hat, die entsprechenden geistigen Mittel entgegenzustellen, um den beschriebenen ahrimanischen Angriff aus der Sphäre der Unter-Natur auf den Menschen abzuwehren. «In einer Geisteswissenschaft wird nun die andere Sphäre geschaffen, in der ein Ahrimanisches gar nicht vorhanden ist. Und gerade durch das erkennende Aufnehmen derjenigen Geistigkeit, zu der die ahrimanischen Mächte keinen Zutritt haben, wird der Mensch gestärkt, um *in der Welt*

Ahriman gegenüberzutreten» (GA 26, Aufsatz «Von der Natur zur Unter-Natur», kursiv Rudolf Steiner).

Der allgemein verbreiteten Passivität des Denkens muß das intensive Studium der Geisteswissenschaft entgegengestellt werden, das mit größtem Ernst und im Sinne der ersten Stufe der modernen Einweihung betrieben wird. «Der Mensch hat sich daran zu gewöhnen, die Zusammenhänge in der Welt nach großen, selbstlosen Gesichtspunkten zu denken. Dazu ist der beste Weg, wenn man als schlichter Mensch diesen Rosenkreuzerpfad durchmachen will, das Studium der elementaren Lehren der Geisteswissenschaft ... Denn gerade das Beschäftigen mit diesen Wahrheiten reinigt das Denken und diszipliniert es so, daß der Mensch reif für die anderen Maßnahmen wird, die zu dem okkulten Pfad führen» (GA 96, 20. 10. 1906). Vor allem weist Rudolf Steiner auf das energische Studium seiner Bücher «Wahrheit und Wissenschaft» und «Die Philosophie der Freiheit» in dieser Beziehung hin und bezeichnet die Beschäftigung mit ihnen als «seelisches und geistiges Turnen» im Denken. So kann die Geisteswissenschaft dem Menschen das sichere Mittel in die Hand geben, um die Passivität des Denkens als Zivilisationskrankheit zu überwinden.

Durch die elektronischen Medien geschieht heute, für die meisten Menschen unbewußt, die zunehmende Bindung des menschlichen Denkens an die Kräfte der *Unternatur*, was eine bewußte Ausrichtung der Denkkräfte auf die *Übernatur*, das heißt auf die Inhalte der geistigen Welt um so erforderlicher macht. Dies kann durch eine gründliche Beschäftigung mit der Geisteswissenschaft heute geschehen.

Auf ähnliche Weise geschieht dies auch mit dem Wesen des Imaginativen. So kann den die Imaginationskraft der Seele ertötenden «Lichtbildern» vor allem durch «echte Kunst», die ihre Impulse aus den höheren Welten schöpft, wirksam entgegengewirkt werden. Dazu aber ist notwendig, daß der Mensch sich zum wahren Herzensdenken hinaufentwickelt. Denn im Gegensatz zum Kopf denkt das Menschenherz in Imaginationen, die daraufhin eine sozial aufbauende Wirkung entfalten können, wodurch auch die vom Computerwesen verursachte Vereinzelung und Vereinsamung der Menschen zunehmend überwunden werden kann.

An dieser Stelle muß besonders betont werden, daß es sich diesbezüglich nicht um die Kunst im allgemeinen und auch nicht um jegliche Formen der Kunst handelt, sondern allein um diejenigen Arten, die zur Belebung und Aktivierung des menschlichen Ätherleibes führen können. Dazu gehören vor allem die echte Eurythmie, die wahre Sprachgestaltung und die im ätherischen Erleben wurzelnde künstlerische Arbeit mit den Farben. Weil heute sogar diese Künste zum Teil schon den Zusammenhang mit den belebenden Ätherkräften verloren haben, muß auch bei ihnen eine strenge Differenzierung nach diesem Kriterium durchgeführt werden.

Auch die goetheanistische Betrachtung der Naturphänomene, die eine starke imaginationsfördernde Kraft in sich birgt, ist ein wirksames Mittel, um der Zerstörung der imaginativen Fähigkeiten durch die elektronischen Medien effektiv entgegenzuwirken.

Hier sei nochmals auf den bereits erwähnten grundsätzlichen Unterschied zwischen einer auf dem Bildschirm erscheinenden Textseite und dem gedruckten Buch hingewiesen. Da das Letztere als Endprodukt noch der natürlichen Welt angehört und deshalb vielfach künstlerisch gestaltet werden kann, besteht für den Leser grundsätzlich die Möglichkeit, aufgrund dieser Ausgestaltung den Inhalten des Buches eine entsprechende Stimmung entgegenzubringen. Diese verschwindet bei der elektronischen Wiedergabe des Textes jedoch endgültig, da es hier allein um die Ebene der bloßen «Information» geht.

Auch die Schwächung des Willens, die in unserer Zeit schon längst eine allgemeine Zivilisationserscheinung ist, wird durch das stundenlange Sitzen am Bildschirm noch zusätzlich gefördert. Das hier vorliegende Problem liegt vor allem in der Gefahr, daß ein Mensch mit geschwächtem Willen viel einfacher durch solche okkulten Kreise, wie sie weiter oben erwähnt wurden, manipulierbar wird. Für diese weitgehend unerkannten Zusammenhänge wird er dann mittels der elektronischen Medien um so leichter für ihre problematischen Ziele benutzbar.

Dieser ernsten Gefahr kann nur der Entschluß zum Meditieren, den Rudolf Steiner überhaupt als die freieste Tat des Menschen bezeichnete, was als Folge dann zu einem energischen und ernsthaften meditativen Leben führt, entgegengestellt werden. Auch die Arbeit an den sogenannten Nebenübungen kann diesbezüglich eine große Hilfe sein.[136]

Es ist schon längst an der Zeit, den inneren Mut aufzubringen, um auf Grundlage der Geisteswissenschaft zu erkennen, daß, wie seinerzeit die Erfindung der Buchdruckerkunst so auch heute die elektronischen Medien, das stärkste gegen Michael gerichtete Kampfwerkzeug darstellen. Nur war Erstere noch aus den Kräften der Natur geschaffen, die Letzteren hingegen aus denen der Unternatur.

Diese gegensätzliche Ausrichtung der elektronischen Medien und des Michael-Impulses läßt sich an zwei weiteren Beispielen veranschaulichen. So sagt Rudolf Steiner von Michael: «Der befreit die Gedanken aus dem Bereich des Kopfes; er macht ihnen den Weg zum Herzen frei» (GA 26, Seite 62). Aber das genaue Gegenteil geschieht bei den elektronischen Medien, durch die das Wesen des Gedankens in den Bereich des Kopfes fest einzementiert wird. Dadurch entsteht die Gefahr, daß die Herzenskräfte immer stärker den Impulsen ausgesetzt sind, die aus den unteren Instinkt- und Triebbereichen des Menschenwesens emporsteigen. Der Weg des Drachens aus den unterbewußten Regionen des menschlichen Willens, die mit dem metabolischen System verbunden sind, wird in Richtung des Herzens offen. Wie dem die Michael-Kraft heute entgegenwirken kann, beschreibt Rudolf Steiner ausführlich in dem Vortrag vom 27. September 1923 (GA 223). Jedoch ist das Wirken dieser michaelischen Kräfte im Menschen nur dann möglich, wenn vor allem die Faszination, die durch die scheinbar unbegrenzten Möglichkeiten der elektronischen Medien suggeriert wird, durch eine echte Begeisterung für die meditative Beschäftigung mit geistigen Inhalten ersetzt werden kann.

Das zweite Beispiel ist mit den folgenden Worten Rudolf Steiners verbunden: «Michaels Sendung ist, in der Menschen Äther-Leiber die Kräfte zu bringen, durch die die Gedanken-Schatten wieder *Leben* gewinnen; dann werden sich den belebten Gedanken Seelen und Geister der übersinnlichen Welten neigen» (GA 26, Seite 80; kursiv Rudolf Steiner). Auch aus diesen Worten geht ganz klar hervor, wie weit das Wesen der elektronischen Medien dieser Sendung Michaels entgegenwirkt. Denn durch diese Medien werden die menschlichen Gedanken in ihrem schattenhaften Zustand wie konserviert und in der Virtual Reality wie eingekerkert. Um so schwieriger können sie daraufhin belebt und in eine bewußte Verbindung mit den guten Wesen der geistigen Welt gebracht werden.

Das Studium der Geisteswissenschaft, das Befassen mit echter Kunst und das aktive meditative Leben im michaelischen Sinne können bei der zivilisationsbedingten und somit unvermeidlichen Beschäftigung mit den elektronischen Medien ein durchaus effektives Gegenmittel sein, das es erlaubt, die Beziehung zu Michael nicht abreißen zu lassen, sondern seine Impulse sogar in die beschriebenen Bereiche der Unternatur hineinzutragen.

Mit anderen Worten, es geht nicht darum, sich passiv der gewaltigen Versuchung, die mit den elektronischen Medien verbunden ist, zu überlassen, sondern, wenn sie schon mitten in diese Welt gestellt sind, den michaelischen Kampf gegen sie anzunehmen und auszufechten. Dafür aber ist eine entsprechende Vorbereitung und Rüstung notwendig, wovon in diesem Kapitel bereits gesprochen wurde.

So kann die Anthroposophische Gesellschaft zusammen mit ihrer esoterischen Hochschule ein starkes Bollwerk gegen die weltweit negativen Auswirkungen der elektronischen Medien bilden. Die Erstere durch die Pflege des intensiven Studiums der Geisteswissenschaft sowie durch die Förderung der verschiedenen anthroposophisch inspirierten Künste; und die Zweite durch die Entfaltung eines aktiven und auf Michael ausgerichteten (zeitgemäßen) meditativen Lebens.

Die zweite Versuchung, die sich vor allem durch das Internet in der Menschheit immer mehr ausbreitet, besteht in der Illusion, daß man durch seine Möglichkeiten eine Art neuer sozialer Verbindung innerhalb der Menschheit herstellen könne. Dabei wird nur allzu leicht übersehen, daß diese nur auf der Ebene der bloßen «Information» entsteht und sich lediglich innerhalb der Unternatur entfaltet. Auch hier geht es nicht darum, diese Art von Beziehungen zu verurteilen, sondern vor allem um das Schaffen eines entsprechenden Gegengewichts. Dies kann im Sinne des Epigraphs zu diesem Kapitel nur dadurch erreicht werden, daß die zunehmende Verstrickung der Menschheit in die Kräfte der Unternatur klar erkannt wird, so daß eine neue, aus freiem Willen geschaffene und vollbewußte Verbindung der Menschen mittels der Übernatur entstehen kann.

Eine solche Möglichkeit zur Gemeinschaftsbildung aus den Kräften der Übernatur wurde von Rudolf Steiner bei der Weihnachtstagung durch die neu begründete Anthroposophische Gesellschaft veranlagt. Wie bereits an anderer Stelle beschrieben, ging es hier um die Verwirklichung der Wortes von Christus: «Mein Reich ist nicht von dieser Welt» (Joh. 18,36), das Rudolf Steiner in dem Sinne interpretierte, daß Christus in *diese* Welt selber heruntergestiegen ist, um inmitten der von Ahriman beherrschten Welt Sein eigenes Reich zu begründen und den Menschen die Möglichkeit zu geben, an seinem Ausbau mitzuwirken.[137]

Von diesem Urbild ausgehend, gab Rudolf Steiner den Mitgliedern der Anthroposophischen Gesellschaft den übersinnlichen Grundstein, oder den Stein der Liebe, damit sich auf ihm eine neue Menschengemeinschaft bilden könne. Diese steht dann vollumfänglich verankert in der modernen, weitgehend ahrimanisierten Zivilisation, hat jedoch als ihre Grundlage etwas, was als Grundstein der Liebe nicht aus dieser Welt, sondern aus dem Reiche des Christus gebracht wurde.

Damit gab Rudolf Steiner den Menschen eine neue und zugleich durch und durch christliche soziale Form, die, bei ihrer weltweiten Ausbreitung, ein Gegengewicht aus der übernatürlichen Welt zu dem in der Unternatur entstehenden Spinnennetz, das in früheren Kapiteln beschrieben wurde, zu schaffen vermag.

Aus dem Gesagten wird deutlich, wie eng das Thema der elektronischen Medien auch mit dem zweiten Teil dieses Buches verbunden ist, mit dem Mysterium der Grundsteinlegung, in der Rudolf Steiner für vieles, was erst gegenwärtig in die Menschheit hineinkommt und was in der Zukunft zweifellos weiterhin geschehen wird, den Menschen ein geistiges Mittel in die Hand gab, um mit diesen Problemen auf michaelische Art fertigzuwerden.

Auch das Thema, das im ersten Teil dieser Arbeit besprochen wurde, ist mit den hier behandelten Problemen eng verbunden. Betrachtet man die erwähnte elektronische Veröffentlichung der esoterischen Inhalte aus dem Werk Rudolf Steiners, so ist dies ein Tatbestand, den man nicht mehr ändern kann. Die Frage, die sich daraus ergibt, ist, wie können wir auch hier ein Gegengewicht schaffen? Die Lösung liegt meines Erachtens in der Aufgabe, die im ersten Teil der vorliegenden Arbeit gestellt wurde: Wie findet man heute eine direkte Beziehung zu Rudolf Steiner?

Wird diese Verbindung hergestellt und weiterhin von den Mitgliedern der Anthroposophischen Gesellschaft intensiv gepflegt, dann können die negativen Folgen einer solchen Veröffentlichung für das künftige Schicksal der Michael-Schule auf der Erde abgewendet werden. Denn nur durch eine reale Verbindung zu Rudolf Steiner wird die von ihm gestellte Bedingung, daß sein Werk nicht von seinem Namen getrennt werden darf, gewährleistet, da der Schutz für das Letztere nicht allein von den Erdenmenschen, sondern auch von der geistigen Welt, den dort sich befindenen verstorbenen Anthroposophen und Rudolf Steiner selbst, kommen kann.

Dazu ist aber die Erfüllung einer weiteren Bedingung notwendig. Gerade in der Zeit, wo das Gesamtwerk Rudolf Steiners, einschließlich der intimsten und esoterischsten Inhalte, für die Öffentlichkeit zugänglich gemacht wurde, welche damit wohl nicht anders umgehen wird als mit jeglicher sonst auf dem Markt befindlichen esoterischen Literatur, wird noch mehr als zur Zeit Rudolf Steiners das Folgende vonnöten sein. Es müssen sich die Menschen finden, die den Inhalten, die Rudolf Steiner aus dem Wesen der modernen Initiation, welche den Mittelpunkt der neuen Mysterien bildet, hervorgeholt hat, eine ihnen entsprechende Stimmung bzw. Aufnahmebereitschaft entgegenbringen. Denn nur dadurch kann die Tatsache der Veröffentlichung dieser Inhalte auf eine geistgemäße Weise ausgeglichen und somit der sonst nicht zu verhindernde Schaden abgewendet werden.

Rudolf Steiner spricht darüber im letzten Vortrag des Oster-Zyklus, den er nach der Weihnachtstagung in Dornach gehalten hat: «Aber es wird vor allen Dingen notwendig sein, daß dem Erkennen, dem Schauen, dem Erleben des Geistigen, die aus der heutigen Initiation geholt werden können, entgegengebracht werde auch aus der Freiheit heraus Schätzung, Ehrfurcht. Denn ohne Schätzung, ohne Ehrfurcht ist eine wirkliche Erkenntnis, ist ein geistiges Leben der Menschheit eigentlich nicht möglich» (GA 233a, 22.4.1924). Dagegen wirken heute und mit besonderem Erfolg vor allem die elektronischen Medien, die einfach alles, was in ihren Machtbereich kommt, so auch die esoterischsten Inhalte, auf die Ebene der reinen Information herunterziehen und damit jedes Gefühl der «Schätzung und Ehrfurcht» ihnen gegenüber bereits im Keim ersticken.

Dieser Tendenz aber muß eine andere vollbewußt entgegengestellt werden, die, von Rudolf Steiner aufgegriffen und weiterentwickelt, eigentlich auf Goethe, Schiller und Novalis zurückgeht. Denn nie hätte Goethe zu seinen bahnbrechenden naturwissenschaftlichen Studien gelangen können, ohne an die Phänomene der Natur mit tiefster Ehrfurcht herangetreten zu sein. Ebenfalls hätte Schiller nie seine revolutionären Freiheitsideale entwickeln können, ohne die gleiche tiefe Ehrfurcht dem Wesen des Menschen gegenüber zu haben. Und auch Novalis hätte nie seinen magischen Idealismus zu begründen vermögen ohne die tiefste Ehrfurcht vor der geistigen Welt, die er in sich trug.

Deshalb kann man in den zuletzt zitierten Worten Rudolf Steiners eine direkte Anknüpfung und Weiterführung dessen sehen, was bereits von Goethe in seiner «Pädagogischen Provinz», die sich im zweiten Buch von «Wilhelm Meisters Wanderjahren» befindet, angelegt wurde. Dort wird darauf hingewiesen, daß in neuerer Zeit kein Mensch mehr die Verehrungskräfte natürlicherweise mit sich ins Leben bringt, sondern sie als Aufgabe in sich frei entwickeln muß. «Aber eines bringt niemand mit auf die Welt, und doch es ist das, worauf alles ankommt, damit der Mensch nach allen Seiten zu ein Mensch sei ...: Ehrfurcht!»[138] Damit ist schon bei Goethe angedeutet, daß es nicht um alte, vererbte, sondern um *neue*, durch Selbsterziehung errungene Verehrungskräfte geht.

Nur wenn diese Kräfte, die, wie wir gesehen haben, die Grundlage für den modernen Schulungsweg in der Epoche der Bewußtseinsseele bilden, von den Mitgliedern der Anthroposophischen Gesellschaft den esoterischen Inhalten der Michael-Schule gegenüber entgegengebracht werden, wird ein Gegengewicht zu deren Veröffentlichung überhaupt – und besonders in elektronischer Form – geschaffen.

Damit haben wir auf die dringlichsten Aufgaben der Anthroposophischen Gesellschaft einerseits und der Freien Hochschule für Geisteswissenschaft andererseits hingewiesen. Findet in Ersterer eine vertiefte Beschäftigung mit dem Mysterium der Grundsteinlegung, also mit den eigenen esoterischen Grundlagen, wirklich statt, so daß die Ergebnisse einer solchen Arbeit als gemeinschaftsbildendes Prinzip in der Gesellschaft sichtbar werden, und wird innerhalb der Michael-Schule die Beziehung zu deren Begründer, Rudolf Steiner, und zu dem sie führenden Zeitgeist richtig gepflegt, dann können meiner Überzeugung nach die negativen Folgen der erwähnten Veröffentlichungen abgewendet werden.

Dann kann das Unglück – im Sinne von Goethes «Märchen» – in eine um so kräftigere Impulsierung unserer Arbeit verwandelt werden sowie in den erneuerten Willen zum Ergreifen und Erfüllen der Ziele, die Rudolf Steiner vor die Anthroposophische Gesellschaft und ihre Seele, die Freie Hochschule für Geisteswissenschaft, gestellt hat.

Anhang 2

Rudolf Steiner über die kommende Jugend[139]

«Die kommende Jugend kommt aus ganz anderen kosmischen Welten her als wir, das wird sich steigern. Sie bringt eine ungeheure Denkfähigkeit, eine Virtuosität des Denkens mit. Das ist aber die größte Versuchung und zugleich der größte ahrimanische Angriff gegen die Anthroposophie. Da wird die Gefahr sein, daß durch die ungeheure Leichtigkeit der Auffassung der anthroposophischen Begriffe die Sache im Denken stecken bleibt und sich ein ungeheures Wohlgefühl im Denken der Anthroposophie entwickelt; aber man wird nicht durchstoßen zur Schulung.

Das einzige, was die Jugend bekommen kann, was sie stählen wird, um die künftigen Ereignisse zu bestehen, das ist, daß sie der Anthroposophie in der Schulung begegnet. Die Schulung ist das Fundament, durch das das Studium allein zu einem wahren Ziel geführt werden kann. – Wenn Anthroposophie als Wissenschaft gelehrt wird, wird sie schädlich. Anthroposophie darf niemals bloß Theorie sein; sie muß unmittelbares Leben werden. Läßt man sie bloß Lehre sein, so tötet man sie und übergibt sie Ahriman, dem Herrn des Todes. – Es ist aber den Menschen heute viel bequemer zu denken und einige anthroposophische Begriffe sich anzueignen, als nur eine einzige Gewohnheit abzulegen.

Was die Anthroposophie aus unseren Seelen macht, das ist viel wichtiger als noch so viel theoretisches Wissen über geisteswissenschaftliche Begriffe.»

Erklärungen zum Buch

Alle Hervorhebungen (Kursiven) auch in Zitaten, wenn nicht anders vermerkt, stammen von S. O. Prokofieff.

Folgende Beiträge dieses Buches wurden zum ersten Mal in anthroposophischen Zeitschriften veröffentlicht:

«Vertrauen aus Freiheit», «Das Goetheanum», 1/2004

«Wege zur Anthroposophie», «Das Goetheanum», 12/2004

«Die Mysteriengeheimnisse um den Geburtsort Rudolf Steiners», «Nachrichtenblatt», 8/2006; 11/2006.

«Unsere Beziehung zu Rudolf Steiner heute», «Anthroposophie. Mitteilungen aus der anthroposophischen Arbeit in Deutschland», 1/2006, Nr. 235.

«Das Mysterium der Grundsteinlegung»:

Teil I   «Die Grundsteinlegung als Mysteriengeschehen», «Nachrichtenblatt», 51–52/2005.

Teil II   «Die neue Menschengemeinschaft», «Nachrichten blatt», 1–2/2006.

Teil III «Der Geist des Goetheanum», «Nachrichtenblatt», 22/2006.

Teil IV «Die Arbeit mit den neuen Gruppenseelen», «Nach richtenblatt», 31–32/2006.

«Die Weihnachtstagung und das Mysterium der Auferstehung», «Nachrichtenblatt», 51/2004.

«Von den esoterischen Hintergründen der elektronischen Medien», «Nachrichtenblatt», 44/2004, ohne das Schlußkapitel veröffentlicht unter dem Titel «Zusammengepreßt. Wesenszüge von Internet und HDD».

Literatur

Die folgende Liste der Werke Rudolf Steiners umfaßt die im vorliegenden Buch zitierten oder erwähnten Schriften und Vorträge; sie ist nach der Bibliographie-Nummer der Gesamtausgabe (im Rudolf Steiner Verlag, Dornach/Schweiz) geordnet.

Schriften

4   Die Philosophie der Freiheit. Grundzüge einer modernen Weltanschauung – Seelische Beobachtungsresultate nach naturwissenschaftlicher Methode (1894), [14]1978.

9   Theosophie. Einführung in übersinnliche Welterkenntnis und Menschenbestimmung (1904), [30]1978.

10   Wie erlangt man Erkenntnisse der höheren Welten? (1904/1905), [22]1975.

13   Die Geheimwissenschaft im Umriß (1910), [29]1977.

14   Mysteriendramen (1910–1913), [4]1981.

15   Die geistige Führung des Menschen und der Menschheit (1911), [9]1974.

26   Anthroposophische Leitsätze. Der Erkenntnisweg der Anthroposophie – Das Michael-Mysterium (1924/1925), [7]1976.

Öffentliche Vorträge

59   Metamorphosen des Seelenlebens – Pfade der Seelenerlebnisse. Zweiter Teil (1910).

83   Westliche und östliche Weltgegensätzlichkeit. Wege zu ihrer Verständigung durch Anthroposophie (1922).

96   Ursprungsimpulse der Geisteswissenschaft. Christliche Esoterik im Lichte neuer Geist-Erkenntnis (1906–1907).

Vorträge vor Mitgliedern der Anthroposophischen Gesellschaft

99   Die Theosophie des Rosenkreuzers (1907).

101   Mythen und Sagen. Okkulte Zeichen und Symbole (1907).

104   Aus der Bilderschrift der Apokalypse des Johannes (1907/1908).

Anmerkungen

1 GA 233 a, 13. 1. 1924.

2 GA 4, kursiv Rudolf Steiner.

3 Siehe GA 10. – Der für die innere Entwicklung notwendigen Anerziehung der Fähigkeit der Verehrung widmet Rudolf Steiner am Anfang des Buches sechseinhalb Seiten (19–25).

4 Dem oben Gesagten widerspricht nicht, daß auch Rudolf Steiner manchmal kritisieren mußte. Meistens versuchte er aber die Sache nur zu charakterisieren oder stellte eine geisteswissenschaftliche Diagnose. In seltenen Fällen sprach er kritisch, dann aber in so objektiver Weise, daß seine Worte wie die Stimme der Weltgerechtigkeit waren. Und nur, wenn es absolut notwendig war, übte er wirklich Kritik. Doch konnte er als Eingeweihter ihre okkulten Folgen in der geistigen Welt ausgleichen.

5 Siehe GA 59, 28. 10. 1909.

6 GA 10, S. 222.

7 GA 96, 20. 10. 1906.

8 Siehe GA 260 a, 30. 1. 1924.

9 Rudolf Steiners Worte nach Ita Wegman: «Ich habe nur den physischen Plan zu verlassen, und wenn es dann den Gegenmächten gelingen würde, die Anthroposophie von mir zu trennen, in dem Sinne, daß die Lehre an die breite Masse geht, ohne Kenntnis von mir, so daß sie verflacht, dann würde das geschehen, was von ahrimanischen Wesen gewollt und bezweckt war», «Nachrichtenblatt», 28. 6. 1925.

10 GA 4, S. 166.

11 Friedrich Rittelmeyer, «Meine Lebensbegegnung mit Rudolf Steiner», Stuttgart 1983, S. 103.

12 GA 151.

13 Nimmt man die sieben Weltanschauungsstimmungen hinzu (siehe GA 151), so ist verständlich, daß selbst das Denken zweier Menschen ganz unterschiedlich sein kann. So weist Rudolf Steiner mehrfach darauf hin, daß sich zum Beispiel das Denken Wladimir Solowjows oder Leo Tolstojs (vor allem in seinem Buch

‹Über das Leben› grundsätzlich von der Art des Denkens in Mittel- und Westeuropa unterscheidet. Dennoch betrachtet Rudolf Steiner vor allem den Ersteren als Repräsentanten der Bewußtseinsseele.

14 Siehe auch die Worte Rudolf Steiners auf S. 17 f. dieses Buches sowie seine Worte im nächsten Kapitel.

15 In diesem Aufsatz von 1908 benutzt Rudolf Steiner für seine eigene Geistesströmung noch den Namen «Theosophie».

16 A. a. O., S. 289 f.

17 Siehe Ch. Lindenberg, «Rudolf Steiner. Eine Biographie», Band 1, Stuttgart 1996.

18 Es ist nicht ohne Bedeutung, daß, nach Professor Alfred Castelliz, schon in den Jahrhunderten des Grals (8.–9.) in der Gegend von Pettau – eine der nächsten größeren Städte in der Nähe von Kraljevec – slawische Stämme lebten, was ihre Grabreste auf der westlichen Seite des Schloßberges bezeugen. Damit ist diese Gegend vielleicht die einzige, in der Slawen überhaupt mit der Gralsströmung in Berührung kamen, mit dem, nach Rudolf Steiner, ihre Zukunft am innigsten verbunden sein wird (siehe darüber in GA 185, 3. 11. 1918). – Professor A. Castelliz, von dem viele der Hinweise stammen, die Viktor Stracke in seinem Aufsatz (siehe unten) verwendet, stammte selbst aus der früheren Südsteiermark, aus der Gegend um Cilli. Er studierte Architektur in Wien und besuchte in Dornach das erste Goetheanum. Von diesem Bau war er so beeindruckt, daß er daraufhin Schüler Rudolf Steiners wurde. Später beauftragte Rudolf Steiner ihn mit dem Entwurf eines Schulgebäudes und besuchte ihn noch bei seinem letzten Aufenthalt in Wien im September 1923.

19 Marie Steiner, «Die Anthroposophie Rudolf Steiners. Gesammelte Vorworte zu Erstveröffentlichungen von Werken Rudolf Steiners», Dornach 1967. Vorwort zur Erstausgabe des Zyklus «Westliche und östliche Weltgegensätzlichkeit» (GA 83).

20 Diesen Aufsatz erhielt ich seinerzeit von Viktor Stracke († 29. 10. 1991). Er bildet das 1. Kapitel seines Buches, «Vom Schicksalsnetz Europas. Einzelne Erscheinungen aus dem Kulturleben im Zusammenhang mit dem Ort ihres Auftretens betrachtet» (unveröffentlichtes Typoskript).

21 Es ist eine Stelle im «Parzival» Wolframs von Eschenbach, in

der die geographischen Einzelheiten auffallend genau angege-
ben sind. Möglicherweise hielt er sich nicht nur in Aquileia auf,
sondern, gemäß der Forschungen von A. Castelliz, vor allem
auf der Burg Montpreis – die zeitweilig den Templern gehörte
– bei der Stadt Planina, deren Reste bis heute erhalten geblieben
sind. Einer Überlieferung zufolge soll auf der Burg Montpreis
sogar ein wesentlicher Teil des «Parzival» entstanden sein (vor
allem das neunte Buch des Epos). Von dort aus wird Wolfram
auf der alten römischen Straße die Reise nach Pettau angetreten
sein, sonst wäre es kaum denkbar, daß er von dem kleinen Bach
Grajena, in der Nähe von Pettau – den er in seinem Epos erwähnt
– und der so winzig ist, daß nicht einmal alle Bewohner der Stadt
(heute Ptuj) ihn kennen, wissen konnte.

22 Um diese Zeit muß Ritter Gandin in dieser Gegend ein recht
großes Gebiet besessen haben, sonst hätte er seiner Tochter Lammire nicht die ganze ehemalige Südsteiermark vererben und Ither
das Kukumerland (die Gegend südwestlich der Drau) zu Lehen
geben können. Die Größe seines Besitztums läßt vermuten, daß
auch die Mur-Insel ihm gehörte. – Der Hinweis auf die Gralsströmung in der ehemaligen Südsteiermark, der sich im neunten
Kapitel von Wolframs «Parzival» findet, widerspricht nicht der
Anwesenheit dieser Strömung in Nordspanien, wovon die meisten bekannten Überlieferungen berichten. Es weist vielmehr auf
ihre geographischen Ausdehnung und zugleich ihre Ost-West-
Grenzen hin.

23 Dieser Name: Mont-Sal-Wotsch – Mont-Zal-Voč, mehr germa-
nisch oder mehr slawisch geschrieben, erinnert erstaunlich an
den Mont Salvatsch (Munsalvaesche) der Gralsmysterien, was an
sich nicht ausschließt, daß Berge mit diesem Namen als Bezeichnung für die irdischen Aufenthaltsorte der Gralsmysterien in
dem ganzen Raum ihrer Ausbreitung zu finden waren (d. h. von
Nordspanien bis zur Steiermark).

24 Eine nicht ganz geklärte Frage besteht in der genauen Lokali-
sierung der Stammburg Gandins, des Großvaters von Parzival.
Einerseits liegt es nahe, es in Haidin (sprachlich mit Gandin verwandt) zu suchen. Dieser Vorort von Pettau liegt jedoch auf dem
rechten, flachen Ufer der Drau. In römischer Zeit war dort ein
Legionärslager, Petovio genannt, wovon auch die Reste mehrerer

Mithräen zeugen. Man kann sich allerdings kaum vorstellen, daß in dieser flachen Gegend eine Burg gestanden haben soll, da an dem Nordufer der Drau ein herrlicher, die ganze Gegend überragender Hügel sich erhebt, auf dem heute das prächtige Schloß von Pettau zu sehen ist. Es kann auch davon ausgegangen werden, daß sich auf diesem Hügel ursprünglich ein keltisches Heiligtum befunden hat. Denn die Mauern des heutigen Schlosses ruhen auf mächtigen Quadern, deren Alter kaum zu identifizieren ist und die in dieser Art im Mittelalter nicht üblich waren. Auch mündet der Bach Grajena von Norden her in die Drau, was die Vermutung nahe legt, daß die Stammburg Gandin doch auf dem Pettau-Hügel gewesen ist. Hier wurde Gahmuret geboren, und hier wuchs er auch auf.

25 Die Gegend nördlich von Pettau, die südliche Steiermark, gab Gandin der Schwester Gahmurets, Lammire, und die Region westlich von Cilli bekam später Ither, der Lammire heiratete. Bei Wolfram wird dieses Land als Kukumerland erwähnt, da es am Fluß Gurk (Kukuma) lag, der in die Save mündet.

26 Viktor Stracke zitiert aus einem Buch, in dem den slawischen Wurzeln des Gralsberges «Mont-Sal-Wotsch» nachgegangen wird. Demnach ist die Übersetzung dieses Namens der «große oder stattliche Berg, der Wo (Bo)» heißt.

27 Siehe GA 233, 31.12.1923.

28 Über die Beziehung der Rosenkreuzer zu den Gralsmysterien siehe GA 112, 24.6.1909.

29 Siehe M. und E. Kirchner-Bockholt, «Die Menschheitsaufgabe Rudolf Steiners und Ita Wegman», Dornach 1981, Kapitel «Gralszeit». – Nach dem Bericht Viktor Strackes versuchte Ita Wegman seinerzeit, diese geistigen Hintergründe wohl durch Rudolf Steiner wissend, die Burg Borl für die anthroposophische Bewegung zu erwerben.

30 Es ist in dieser Beziehung nicht ohne Bedeutung, daß Rudolf Steiner von April bis Juni 1911 unweit dieser Gegend (Triest/ Portorose) die vielleicht längsten «Ferien» in seinem Leben, gemeinsam mit Marie Steiner, verbrachte.

31 Siehe darüber S. O. Prokofieff, «Rudolf Steiner und die Grundlegung der neuen Mysterien», Kap. 7 «Die Michael-Epoche und das neue Gralsereignis», 2., erw. Auflage, Stuttgart 1986.

32 Siehe die vorhergehende Anmerkung.

33 Siehe auch GA 99.

34 Zitiert nach Wolfram von Eschenbach, «Parzival», Übersetzung von K. Pannier, Reclam-Verlag, Leipzig.

35 Die Angaben über den Ort Poglet-Anschau sind dem Leserbrief von Heinrich Stracke entnommen: «Hinweis auf das Geschlecht der ‹Anschau›», «Nachrichtenblatt» 21/2006.

36 Autoreferat eines Vortrages, gehalten im Iona-Gebäude in Driebergen (Holland) am 3. April 2005.

37 Über die Beziehung der Anthroposophie zu dem Buch «Die Philosophie der Freiheit» siehe S. O. Prokofieff, «Anthroposophie und ‹Die Philosophie der Freiheit›. Anthroposophie und ihre Erkenntnismethode. Die christologische und kosmisch-menschheitliche Dimension der ‹Philosophie der Freiheit›», Dornach 2006.

38 Siehe auch in diesem Buch Teil I, Kap. 2, *Die neue Verehrung.*

39 Aus dem Gesagten wird auch verständlich, in welchem Sinne Rudolf Steiner diese Fähigkeit der Verehrung oder der Andacht als Haupterzieherin der Bewußtseinsseele bezeichnete. (Siehe GA 59, 28.10.1909).

40 Siehe GA 10, Kapitel «Die Bedingungen zur Geheimschulung».

41 Siehe darüber z. B. GA 130, 28.9.1911.

42 Damit soll nicht gesagt sein, daß dies heute der *einzige* Weg zu Rudolf Steiner ist.

43 Siehe darüber GA 165, 19.12.1915.

44 Deshalb weist Rudolf Steiner in seinem Buch «Wie erlangt man Erkenntnisse der höheren Welten?» auf die Wichtigkeit für den Geistesschüler hin, in sich «jene *Alliebe* zu entwickeln, die notwendig ist, um zu höherer Erkenntnis zu kommen» (Kapitel «Die Bedingungen zur Geheimschulung»; kursiv Rudolf Steiner).

45 Siehe GA 260, 25.12.1923.

46 Siehe S. O. Prokofieff, «Menschen mögen es hören. Das Mysterium der Weihnachtstagung», Stuttgart 2002.

47 Vortrag, gehalten am 30. März 2006 im Goetheanum in Dornach, anläßlich der Feier zum Todestag von Rudolf Steiner.

48 Siehe darüber ausführlicher S. O. Prokofieff, «Menschen mögen es hören. Das Mysterium der Weihnachtstagung», Kap. 5 «Das esoterische Urbild des Gründungsvorstands», Stuttgart 2002.

49 Siehe Anm. 48.

50 Siehe genauer in S. O. Prokofieff, «Menschen mögen es hören.
Das Mysterium der Weihnachtstagung. Kap. 1 «Der Lebensweg
Rudolf Steiners im Lichte der Weihnachtstagung», Stuttgart,
2002.

51 Siehe H. Wiesberger «Aus dem Leben von Marie Steiner-von
Sivers. Biographische Beiträge und eine Biographie», Dornach
1956, S. 28.

52 Später beachtete Rudolf Steiner dieses Gesetz so konsequent,
daß er Weihnachten 1912 bei der Gründung der von der Theosophischen Gesellschaft unabhängigen Anthroposophischen
Gesellschaft nicht nur nicht in den Vorstand eintrat, sondern
sogar noch nicht einmal ihr Mitglied wurde. Die Gründe, warum
er später dieses «okkulte Gesetz» verletzte, indem er sich bei der
Weihnachtstagung selber an die Spitze der Allgemeinen Anthroposophischen Gesellschaft stellte, wurden von mir in einer anderen Arbeit betrachtet. Siehe op. cit., Anm. 3.

53 «Marie Steiner-von Sivers im Zeugnis von Tatiana Kisseleff,
Johanna Mücke, Walter Abendroth, Ernst von Schenk», Basel
1984, S. 55.

54 Brief vom 8. April 1904, (GA 262), S. 36.

55 H. Wiesberger: «Marie Steiners Geistgestalt», «Nachrichtenblatt» 51–52/1998.

56 Zu der gemeinsamen Arbeit einiger geheimer Freimaurer-Gesell-
schaften und des Jesuiten-Ordens, siehe GA 167, 4. 4. 1916 und
GA 198, 3. 7. 1920.

57 J. E. Zeylmans van Emmichoven, «Wer war Ita Wegman. Eine
Dokumentation», Bd. 1, Heidelberg 1992, S. 209.

58 Siehe Anm. 57, S. 207

59 A. a. O. S. 320.

60 Die Voraussetzungen für das Übernehmen einer solchen Aufgabe trug Ita Wegman bereits in ihrer Seele, weil sie in der geistigen Welt früher schon einmal an einem solchen geistigen Kampf
teilgenommen und in ihm eine führende Rolle hatte übernehmen
müssen. (Siehe GA 238, 16. 9. 1924).

61 Albert Steffen, «In memoriam Rudolf Steiner», Dornach 1925

62 Marie Steiner hingegen war als Trägerin magischer Kräfte dazu
vorbestimmt, später die Mit-Leiterin der zweiten Klasse zu wer-

den, die einen rituellen, das heißt magischen Charakter haben sollte.

63 Siehe op. cit. in Anm. 48.

64 Siehe op. cit. in Anm. 48.

65 Siehe: Marie Savitch, «Marie Steiner-von Sivers. Mitarbeiterin von Rudolf Steiner», Dornach 1965.

66 Aus dem Brief an W. J. Stein vom 9. Januar 1935. Zitiert nach J. E. Zeylmans van Emmichoven, «Wer war Ita Wegman. Eine Dokumentation», Band 2, Heidelberg 1992, S. 205.

67 Zitiert nach Rudolf F. Gädeke «Die Gründer der Christengemeinschaft. Ein Schicksalsnetz», Dornach 1992, S. 31.

68 Diese Individualität muß nicht unbedingt Edith Marion gewesen sein, die Rudolf Steiner auf der Weihnachtstagung zur Leiterin der Sektion für Darstellende Künste benannt hatte (allerdings nicht bei der Vorstellung des Vorstandes während der Versammlung, siehe GA 260).

69 Das betrifft natürlich nicht nur den Vorstand in Dornach, sondern jede anthroposophische Gruppe, die heute den geistigen Kontakt und die Führung Rudolf Steiners sucht.

70 Siehe dazu genauer op. cit. in Anm. 50.

71 Über die früheren Veröffentlichungen dieses Beitrags sowie der weiteren Beiträge siehe die Erklärungen zum Buch auf Seite 159.

72 Siehe S. O. Prokofieff, «Menschen mögen es hören. Das Mysterium der Weihnachtstagung», Kapitel 9, «Die Grundsteinmeditation. Karma und Auferstehung», Stuttgart 2002.

73 Siehe S. O. Prokofieff, «Menschen mögen es hören. Das Mysterium der Weihnachtstagung», Kap. 6, «Die Anthroposophische Gesellschaft als Tempel der Neuen Mysterien», Stuttgart 2002.

74 Siehe S. O. Prokofieff, «Menschen mögen es hören. Das Mysterium der Weihnachtstagung», Kap. 2, «Die Mysterienhandlung der Grundsteinlegung am 25. Dezember 1923», Stuttgart 2002.

75 Über den Grundsteinspruch als Zusammenfassung der ganzen Anthroposophie siehe ausführlicher in S. O. Prokofieff, «Die Grundsteinmeditation. Ein Schlüssel zu den neuen christlichen Mysterien», Kap. 1, «Die Grundsteinmeditation und das Wesen Anthroposophia», Dornach 2003.

76 Über die Beziehung zwischen der göttlichen Sophia und dem

Wesen Anthroposophia siehe ausführlicher in S. O. Prokofieff, «Die himmlische Sophia und das Wesen Anthroposophie», 2. bearbeitete Auflage, Dornach 1998.

77 Von 1904 an begann Rudolf Steiner eine Reihe von Aufsätzen über den anthroposophischen Schulungsweg zu veröffentlichen, die 1909 in dem Buch «Wie erlangt man Erkenntnisse der höheren Welten?» erschienen.

78 In diesem Vortrag benutzt Rudolf Steiner statt «höheres» Ich die Bezeichnungen «wirkliches» oder «wahres» Ich.

79 In dem Abschnitt *Das Wesen Anthroposophia und die Weihnachtstagung* wurde diesbezüglich, repräsentativ für andere solche Begründungen, die holländische Landesgesellschaft erwähnt.

80 S. O. Prokofieff, «Menschen mögen es hören. Das Mysterium der Weihnachtstagung», Kap. 6 «Die Anthroposophische Gesellschaft als Tempel der neuen Mysterien», Stuttgart 2002.

81 Siehe über den umgekehrten Kultus GA 257, 3. 3. 1923 sowie op. cit. Anm. 46, Anhang VII «Der umgekehrte Kultus und das Wesen des Grundsteins». – In dem Vortrag vom 3. März 1923 (GA 257) spricht Rudolf Steiner in dieser Beziehung von der Arbeit solcher Gruppen mit den *Engel*-Wesen.

82 Siehe GA 287, 18./19. 10. 1914.

83 In dem Vortrag vom 20. April 2003 (am Ostersonntag) im Goetheanum sprach Christian Hitsch davon. Siehe die Reproduktion seiner Tafelzeichnung.

84 Siehe GA 175, 20. 2. 1917.

85 Wie wichtig für Rudolf Steiner die Entwicklung dieser Fähigkeit auch innerhalb der neu begründeten Anthroposophischen Gesellschaft war, ergibt sich auch aus dem Mitgliederbrief vom 18. Mai 1924, der den Titel trägt «Die Bildnatur des Menschen» (GA 260a).

86 GA 258, 17. 6. 1923

87 GA 231, 18. 11. 1923.

88 GA 260, 25. 12. 1923.

89 Siehe darüber in S. O. Prokofieff «Die himmlische Sophia und das Wesen Anthroposophie», 2., bearb. Auflage, Dornach 1998.

90 Siehe GA 240, 20. 7. 1924.

91 A. a. O., 27. 8. 1924. – Das sind auch diejenigen Elementarwe-

sen, die im Grundsteinspruch als Elementargeister erwähnt sind, welche ständig den Anthroposophenseelen zurufen: «Menschen mögen es hören!», das heißt, sie möchten sie an dasjenige erinnern, worüber sie einstmals in der Michael-Schule unterrichtet worden sind. In der «Michael-Imagination» werden die Elementargeister als «Ätherwelten-Wesen» bezeichnet, von denen dort gesagt wird:

«Ihr, die hellen Ätherwelten-Wesen,
Trägt das Christuswort zum Menschen»

(GA 238, 28. 9. 1924).

In der Grundstein-Meditation ist dieses «Christuswort» der dreifache Rosenkreuzerspruch.

92 Man kann dies so verstehen, daß es den Menschen bevorsteht, aufgrund der neuen Erkenntnisse des Christus-Impulses in der Anthroposophie, mit den Wesen der dritten Hierarchie zusammenzuarbeiten.

93 Siehe GA 15, Kap. III und GA 129, 21. 8. 1911.

94 Aus dem Gesagten folgt auch, daß die esoterische Struktur der Anthroposophischen Gesellschaft von Rudolf Steiner so veranlagt ist, daß auf der Ebene der einzelnen Gruppen (Zweige) die Impulse der fünften nachatlantischen Epoche wirken können, auf der Ebene der Landesgesellschaften die der sechsten und auf der Ebene der Weltgesellschaft die der siebenten. Denn in unserer fünften Epoche muß die Menschheit im allgemeinen lernen mit den Engeln zusammenzuarbeiten; in der sechsten mit den Erzengeln und in der siebenten mit den Archai; eine geistige Aufgabe, für deren Erfüllung die erste Grundlage in der Anthroposophischen Gesellschaft bereits in unserer Zeit gelegt werden muß.

95 Siehe GA 141, 1. 4. 1913.

96 Über die Beziehung des höheren zum wahren Ich siehe S. O. Prokofieff, «Menschen mögen es hören. Das Mysterium der Weihnachtstagung», Kap. 4 «Die Grundsteinmeditation in Eurythmie. Eine esoterische Betrachtung», Stuttgart 2002 sowie S. O. Prokofieff, «Anthroposophie und ‹Die Philosophie der Freiheit›. Anthroposophie und ihre Erkenntnismethode. Die kosmisch-menschheitliche Dimension der ‹Philosophie der Freiheit›», Anhang I «Über das Wesen des menschlichen Ich», Dornach 2006.

97 Das hier Gesagte entspricht einer Notiz aus der Fragenbeant-
wortung nach dem Vortrag vom 23. März 1913: «Physischer
Leib Christi ist die Sonne; ätherischer Leib Christi die sieben
Planeten; Astralleib Christi die zwölf Tierkreiszeichen; das Ich
des Christus ist noch ganz draußen» (veröffentlicht in den Hin-
weisen zu GA 150).

98 Siehe den Aufsatz «Das Michael-Christus-Erlebnis des Menschen» (GA 26).

99 Rudolf Steiner benutzt dieses Bild in dem Vortrag vom 17.
Dezember 1922 (GA 219).

100 Daß die Anthroposophische Gesellschaft tatsächlich diese
Aufgabe innehat folgt auch daraus, daß in dem Vortrag, in dem
Rudolf Steiner von diesen neuen Gruppenseelen spricht, er in
dieser Beziehung die Theosophische Gesellschaft erwähnt, in
der «der Versuch gemacht werden [soll], einen solchen Zusammenhang zu schaffen» (GA 102, 1.6.1908).

101 Es ist auch nicht ohne Bedeutung, daß Rudolf Steiner in dem
gleichen Vortrag auch die «ästhetisch-moralisch-intellektuellen
Zusammenhänge» des Menschen in eine Beziehung zu der Wirksamkeit der neuen Gruppenseelen bringt. Denn nach weiteren
seiner Darstellungen bilden sich die intellektuellen Impulse
auf dem Astralplan, die ästhetischen auf dem unteren und die
moralischen (ethischen) auf dem oberen Devachan (siehe GA
130, 4.11.1911), was auch den geistigen Tätigkeitsfeldern der
Engel, Erzengel und Archai entspricht.

102 Von dieser Michael-Liebe spricht Rudolf Steiner in dem Aufsatz «Die Weltgedanken im Wirken Michaels und im Wirken
Ahrimans» (GA 26).

103 Siehe darüber S. O. Prokofieff, «Menschen mögen es hören.
Das Mysterium der Weihnachtstagung», Kap. 6 «Die Anthro-
posophische Gesellschaft als Tempel der neuen Mysterien»,
Stuttgart 2002.

104 Rudolf Steiner nennt während der Weihnachtstagung am 28.
Dezember 1923 (GA 260) die esoterische Schule die «Seele» der
Anthroposophischen Gesellschaft.

105 Siehe darüber ausführlicher in S. O. Prokofieff, «Menschen
mögen es hören. Das Mysterium der Weihnachtstagung», Kap.
9 «Die Grundsteinmeditation. Karma und Auferstehung» und

besonders Anhang VIII «Die geistige und die sakramentale Kommunion», Stuttgart 2002.

106 GA 240, 24. 8. 1924.

107 GA 131, 11. 10. 1911.

108 GA 260.

109 GA 260, 1. 1. 1924.

110 Siehe weiter S. O. Prokofieff, «Die himmlische Sophia und das Wesen Anthroposophie», 2., bearbeitete Auflage, Dornach 1998.

111 GA 26, Aufsatz « Von der Natur zur Unter-Natur».

112 GA 204.

113 A. a. O., S. 244 f.

114 A. a. O., S. 245.

115 Siehe auch GA 173.

116 Apok. 12,3.

117 GA 204, 13. 5. 1921.

118 GA 104, 29. 6. 1908.

119 Apok. 13,18.

120 GA 240, 19. 7. 1924.

121 Über die besondere Beziehung Sorats zu den ahrimanischen Geistern siehe GA 184, 11. und 13. 10. 1918; S. 257 ff).

122 Siehe Anm. 120, S. 193.

123 Siehe Anm. 120, S. 193.

124 GA 194, 21. 9. 1909; S. 22.

125 A. a. O., S. 22.

126 A. a. O.

127 GA 26, «Von der Natur zur Unternatur»; S. 258.

128 GA 240, S. 192.

129 GA 237, 8. 8. 1924; S. 168.

130 Siehe GA 204, 13. 5. 1921; S. 237.

131 A. a. O., S. 242.

132 GA 260a, 20. 1. 1924; S. 108 f.

133 Im Gespräch mit Frau Sybell-Petersen (siehe Anhang 2).

134 GA 26, «Im Anbruch des Michael-Zeitalters»; S. 62.

135 Es ist heute von der äußeren Wissenschaft bereits festgestellt, daß der menschliche Organismus bei einigen Computerspielen die gleichen Hormone produziert wie sonst nur bei gewissen Drogen. – Weiteres zu diesem Thema kann man dem Buch von

Heinz Buddemeier, «Medien und Gewalt», Heidelberg 2006, sowie weiteren seiner Büchern entnehmen.

136 Siehe GA 245.

137 Siehe S. O. Prokofieff «Menschen mögen es hören. Das Mysterium der Weihnachtstagung», Kap. 1 «Der Lebensweg Rudolf Steiners im Lichte der Weihnachtstagung», Stuttgart 2002.

138 Zitiert nach der Goethe Gesamtausgabe, Bd. 8, Seite 169, Zürich 1949.

139 Mündliche Äußerung Rudolf Steiners gegenüber Frau Sybell-Petersen, übermittelt von Adelheid Petersen in einem Vortrag, gehalten im August 1950.